Ser Tú Mismo y V.A.L.I.D.A.T.E.

Autoayuda para las personas y organizaciones

MADALINA DAY

Traducido al español por

Laura Verónica Luna

Este libro está dedicado a mi hijo Max

Agradecimientos

Lo que continúa es el resultado del amor por mi profesión.

Agradezco a mi familia, pasada y presente, por siempre ser quienes son.

Un agradecimiento especial a Neil Day.

Madalina Day

Contenidos

Introducción

Ser Tú Mismo (Being Yourself) se publicó como artículo (www.newbeginningspage.com) en 2019 y dos años después, en 2021, como capítulo en "Estrategias y autoayuda desde la terapia y la psicoterapia". El *Ejercicio de Ser Tú Mismo* es un método de cambio en términos psicoterapéuticos.

El acrónimo V.A.L.I.D.A.T.E. fue creado como una simplificación de los procesos involucrados en las sesiones terapéuticas y dirigido al realineamiento o refuerzo de los dominios de valor de un cliente. *Ser Tú Mismo* pone énfasis en el cambio, sobre todo conceptualmente, incluyendo las vulnerabilidades potenciales que se encuentran entre el sentido de identidad profesional y privado/personal. Para una organización, V.A.L.I.D.A.T.E. puede utilizarse como un amplio análisis de las estructuras existentes, informando al mismo tiempo los posibles cambios y planes de acción. Se puede decir que aplicado a una organización, *Ser Tú Mismo* es similar a una matriz FODA (fortalezas, oportunidades, debilidades y amenazas). Los dominios de valor (V) en *Validate* son una etapa crucial en un análisis del estatus quo. **V** se erige como un punto de partida para entender las complejidades que rodean una negociación de valores personales frente a los estándares existentes de un rol de empleo. V.A.L.I.D.A.T.E se refiere específicamente al Servicio Nacional de Salud (NHS, por sus siglas en inglés) en el Reino Unido y al personal del NHS, existiendo tal asociación como una representación simbólica basada en mi experiencia de práctica seleccionada. Sin embargo, todas las etapas conceptuales de *Ser Tú Mismo* son, de hecho, representaciones de los sectores tanto público como privado de mi práctica en el Reino Unido.

Los elementos de la técnica de *Ser Tú Mismo* incorporan fundamentos teóricos interdisciplinarios, principalmente dentro de los estudios e investigaciones psicosociales, con un fuerte énfasis en el análisis cognitivo y los estudios conductuales. Mi objetivo al desarrollar *Ser Tú Mismo* fue (y sigue siendo) el de ofrecer un análisis estructurado del auto-empoderamiento con consideraciones agudas tanto a los criterios de inclusión como de igualdad. Una cuestión fundamental de V.A.L.I.D.A.T.E puede formularse como:

"¿Quién, qué y cómo SOY?"

Y aunque pueda sonar disparatado, a partir de mis eventos y situaciones de práctica, las respuestas a tal mapa (autoorganizado) son sobre dominios de VALOR, con todos los valores proporcionados voluntariamente, que se contrastan con los ESTÁNDARES del entorno elegido por un cliente para la exploración. V.A.L.I.D.A.T.E. se trata de la libertad de ser y no debe leerse como una elección entre ser humano o un sentido automático de la identidad. Además, se podría decir que *Ser Tú Mismo* se trata de la adaptabilidad, el desarrollo de la resiliencia y, lo que es más importante, de la autoconceptualización. La transcripción y el caso de estudio presentados son formas puras de investigación, pueden interpretarse como ordinarias o incluso desagradables, sin embargo, en ningún momento pretenden reenviar la crítica a ningún sistema, servicio o procesos involucrados en una negociación de ámbitos profesionales y personales de empleo. Personalmente, tengo sumo cuidado por lo que pienso y luego expreso y, como tal, también y de manera similar, tengo un fundamental respeto por lo que creo que es importante transmitir y difundir como un texto informativo. Al discutir *Ser Tú Mismo,* los casos seleccionados no son experiencias extremas ni aisladas. En verdad fueron, y siguen siendo, abrumadoramente prevalentes, de ahí mi potencialidad de desarrollar un patrón de incidentes de trabajo y, en última instancia, crear V.A.L.I.D.A.T.E. Muchos pueden decir que dentro de un servicio psicoterapéutico, un profesional está obligado a encontrar problemas de salud mental que podrían comprender o formar un patrón de circunstancias. Y sí, eso es posible, pero no equivale a una afirmación de que todos estos sucesos deben clasificarse estrictamente y permanecer como la formulación o conceptualización del caso de un cliente. Estoy de acuerdo, y sólo hasta cierto punto, en que una práctica dentro de un campo específico, es decir, la psicoterapia, puede ofrecer una perspectiva de las situaciones y episodios pertinentes a la especificidad de esa investigación, como puede ser el caso de los problemas de salud mental. Sin embargo, hay varios aspectos identificados, en mi experiencia aplicada, que me permitieron reconocer casos o situaciones en los que la centralidad de la dificultad no puede ser descrita exclusivamente en términos de un estado de salud mental.

Por el contrario, una condición de salud mental podría ser no atribuible a factores de una situación y /o exacerbada por uno o varios factores ambientales. Todos estos aspectos son sobre una negociación profesional - personal, independientemente de la salud mental de un individuo y sus experiencias previas de salud mental. Mi argumento es que la salud mental no siempre es un factor principal cuando se puede aplicar V.A.L.I.D.A.T.E. Es justo y equitativo afirmar que algunas situaciones se refieren principalmente a un factor ambiental o precipitante de un rol laboral, en lugar del estado de salud mental de un individuo. Y sí, por supuesto, el bienestar psicológico, emocional y fisiológico de una persona sería y (estoy siendo cautelosa al usar esta palabra contextualmente) podría volverse naturalmente más prominente, dependiendo de la naturaleza del agente estresante existente, es decir, los aspectos específicos del rol laboral, los cambios dentro de un rol, el empleo, etc. Una de las principales diferencias es ser capaz de localizar a priori y distinguir entre un desencadenante y una causa. He trabajado con situaciones y el personal del NHS en muchas oportunidades, donde la salud mental no era un elemento a priori. V.A.L.I.D.A.T.E. existe debido a tales casos y no a pesar de tales casos. Y, sí, algunos pueden afirmar, incluso indiscutiblemente, que la predisposición es una palabra clave, pero que no debe leerse como un absoluto para todas las situaciones. V.A.L.I.D.A.T.E. no representa un perspectiva determinística. **Ser Tú Mismo** es un método de cambio y como con todas las técnicas psicoterapéuticas, tiene un objetivo fundamental en el auto-empoderamiento. V.A.L.I.D.A.T.E. funciona cuando se lo aplica diligente y consistentemente.

Autoayuda para Individuos y Organizaciones

La siguiente estrategia se conceptualizó mientras se trabajaba en relaciones psicoterapéuticas con más de cien empleados del Servicio Nacional de Salud (NHS) en el Reino Unido. Este trabajo concluyó mediante la creación de un patrón general de eventos y experiencias de trabajo que no son atribuibles a un esquema psicoterapéutico interno de los clientes. El ejercicio comprende la experiencia laboral que se extiende a lo largo de cinco años con cada caso individual, discutido en al menos un aspecto del acrónimo V.A.L.I.D.A.T.E. La salud mental y el bienestar del personal del NHS son representativos de un sistema de atención pública que es responsable de toda la población del Reino Unido en general. Otras formas de atención médica privada en el Reino Unido se proporcionan generalmente con conexión al sistema de atención médica del NHS o son atendidos por el personal del NHS, por empleados actuales o antiguos. Esta estrategia evolucionó en un trabajo más amplio y se publicó con casos individuales presentados como casos de estudio, que permiten un punto de partida de reflexión sobre qué y cómo funciona un sistema público de atención médica, y en qué medida esas responsabilidades se delegan y distribuyen entre toda una población del país: la vida de muchos se convierte en la de uno. El *Ejercicio de Ser Tú Mismo* es una herramienta especialmente útil para aplicar en todos los casos que involucran una transición organizacional y/o personal que se siente en conflicto o difícil. *Ser Tú Mismo* es una aplicación de valores proporcionados voluntariamente y puede conceptualizarse como actualizar y realinear los objetivos a largo plazo, es decir, las perspectivas de carrera o la gestión del cambio, revalidando o evaluando los valores con un examen de nuevos desarrollos o situaciones. Para ilustrar el *Ejercicio de Ser Tú Mismo*, se elabora material de casos de varios pacientes, incluidas sus preguntas introspectivas sobre valores y estándares, y dificultades para gestionar transiciones o buscar un nuevo empleo. Todas las preguntas se formulan en torno al acrónimo V.A.L.I.D.A.T.E. ejemplificado por casos de una actitud hacia el trabajo proporcionada voluntariamente que son contrastados con los ESTÁNDARES en referencia a la empresa/organización/agencia, casos individuales que actualmente están trabajando o buscan empleo. Así es como se creó V.A.L.I.D.A.T.E. y para fines de este ejercicio, el término se utiliza como una confirmación o apoyo a un cambio deseado, es decir, reconsiderar un rol de trabajo específico.

El ejercicio del acrónimo se puede aplicar, de manera más general, a otros varios roles de transición y /o eventos de la vida. V.A.L.I.D.A.T.E puede ser utilizado por cualquier especie de organización, desde estructuras gubernamentales a no gubernamentales, y en todos los sectores y tipos de economía. Está diseñado para incorporar prácticas inclusivas y guiar nuevas formulaciones y políticas en todos los niveles de una organización. *El Ejercicio de Ser Tú Mismo* es un nombre comercial de V.A.L.I.D.A.T.E., que se refiere estrictamente a individuos en el empleo o que buscan respuestas a las etapas de transición en sus vidas.

V.A.L.I.D.A.T.E.

V = Valores

Por muy sensato que sea, dedicar tiempo a una breve reflexión sobre los valores personales relacionados con el trabajo podría verse como un buen punto de partida para abordar algunas preocupaciones en torno a un nuevo trabajo o reevaluar su situación actual en su carrera. Los valores son diferentes para todos, y pueden cambiar con el tiempo; ese cambio potencial puede identificarse y señalizarse como una herramienta para reducir la ansiedad y/o adquirir claridad durante un período de cambio organizacional, o una opción activa para cambiar de empleo. Los dos dominios de valor más aparentes relacionados con el trabajo son: la educación o la formación y el crecimiento personal dentro de un lugar de trabajo. Por ejemplo, algunas preguntas relevantes que surgen en tales casos podrían ser significados asociados a un rol de trabajo específico, es decir, trabajar como parte de un equipo (incluido un sentido de pertenencia) y un tipo de habilidades orientadas a un mayor desarrollo. Los valores son diferentes de los objetivos establecidos y podrían verse como una forma de razonamiento, detrás de los objetivos específicos establecidos. Las preguntas sobre el tipo de habilidades y cualidades personales deseadas para afirmar o reafirmar como parte de un rol, requerirían los objetivos correspondientes de buscar una capacitación específica y/o construir relaciones de trabajo más sólidas. Un ejemplo adicional podría hacerse en referencia a dominios que no son necesariamente evidentes en un primer análisis. Por ejemplo, valores relacionados con la crianza de los hijos y el modelado de roles, tipo de relaciones que se pretenden desarrollar y/o considerar en momentos específicos de la vida. ¿En qué tipo de comunidad le gustaría vivir y contribuir? Nuevamente, estas preguntas están todas interrelacionadas y relacionadas con el dominio de valor relacionado con el trabajo. Del mismo modo, las preguntas sobre el bienestar y el cuidado personal forman parte de dominios de valores interrelacionados con una clara relación con las opciones de trabajo y los cambios organizacionales que implican recrear y reflexionar sobre objetivos específicos establecidos en diferentes momentos. Los valores relacionados con la crianza de los hijos y el modelado de roles requieren decisiones sobre el horario flexible de media jornada, la ubicación, las tareas de progreso profesional, etc. La contribución a la comunidad, los valores en torno a los deberes cívicos y las opiniones sobre el medioambiente podrían dar paso a la búsqueda de roles específicos dentro de un entorno comunitario y/ o adyacentes a un rol de trabajo actual, es decir, voluntariado, trabajo pro-bono, participación e inversión en programas comunitarios, promoción y /o financiación de causas específicas, etc. Todo lo anterior suena como mucho a considerar, pero, de hecho, cada caso individual sería capaz de discernir y tomar decisiones basadas en sus circunstancias personales y los valores vinculados al dominio relacionado con el trabajo. Con frecuencia, me he encontrado con casos que se sentían envueltos en la imposibilidad de tomar decisiones, con una gran insatisfacción en torno a los detalles de su trabajo en varios momentos. Después de completar un cuestionario de Valor, las cosas podrían sentirse menos desafiantes: es una primera tarea para desarrollar un mapa autoorganizado de valores e identificar los conflictos existentes.

A = Análisis

Este paso implicaría un autoanálisis de los valores personales y el registro de los dominios de valor del trabajo, ideales y personales, identificados en el paso anterior. ¿Qué dominios de valor se identifican como actualmente significativos y la observación de cualquier cambio, si lo hay, en la variación de los dominios de valor? Por ejemplo, si en un puesto de trabajo anterior, el valor del dominio de trabajo no tenía en cuenta los valores vinculados a la vida familiar y social, o si actualmente existe la necesidad de un gran sentido por reconsiderar la ubicación, los traslados diarios, etc. También es posible que los cambios sean más sutiles, como las oportunidades de participación en proyectos específicos que tengan en cuenta las creencias ambientales y/ o la necesidad de perfeccionamiento.

En diferentes etapas del desarrollo profesional, se podría reconocer una identificación de los nuevos valores añadidos, por ejemplo, el deseo de compartir conocimientos y desarrollar una rama diferente a su rol actual: la enseñanza, la tutoría o tal vez la adquisición de conocimientos especializados en su campo de trabajo específico.

L = Listado

Esta fase se encarga de crear una lista de prioridades de todos sus dominios de valor ideales relacionados con el trabajo.

I = Identificación

Esta etapa se trata de una identificación de tres criterios: a) aspectos de su trabajo actual que corresponden a sus dominios de valor ideales; b) aspectos deseados que no están presentes momentáneamente; c) aspectos que están en contraste y/o en conflicto. Una tabla de tres columnas implicaría una breve evaluación de las preguntas relacionadas con los estándares de la empresa/organización/agencia para la que trabaja actualmente o en la que desea conseguir un puesto en el futuro. Este paso es crucial por más de un motivo, ya que también podría identificar fuentes de estrés o ansiedad en torno a su rol actual, asociado con conflictos específicos de dominios de valor reconocidos. Por ejemplo, un cambio de rotación para trabajar en un entorno comunitario y servicio de asistencia como parte de su reentrenamiento, se puede experimentar como un cambio significativo de estar ubicado en una oficina y trabajar como parte de un equipo para el mismo rol. Esta situación se puede sentir como muy estresante con una posición de asistencia percibida como una reducción considerable en el apoyo de la red, sentido de pertenencia dentro de un equipo, disponibilidad de diferentes oportunidades de capacitación y el crecimiento personal, etc. Todos estos aspectos están relacionados con los valores de dominio del ambiente laboral, las relaciones colegiales, las oportunidades de capacitación, las membresía en un equipo y el aislamiento. Los aspectos positivos podrían ser una mayor flexibilidad, eficacia y desarrollo de su profesión en conocimientos especializados o expertos, etc. Sin embargo, si sus valores de dominio están en conflicto con las tareas existentes y la especificación de la descripción del trabajo de reentrenamiento, dicho conflicto puede generar un alto nivel de estrés y otras diversas dificultades que pueden variar en grados de severidad. Otro ejemplo podría implicar una progresión positiva en su puesto de trabajo al proceder a una posición jerárquica superior y, al evaluar todos los nuevos desarrollos, se reconoce que se pierden o contrastan aspectos específicos en el dominio del valor. La identificación de todas esas fuentes de conflicto es esencial para poder avanzar hacia la siguiente etapa de delimitación y revisión de todos los posibles cambios que podrían introducirse.

D = Delimitación

La delimitación se refiere a un proceso de demarcación de todos los posibles cambios conflictivos al contrastar su rol actual y el resultado deseado; este paso hace referencia únicamente a demarcar dominios de valor y no a establecer objetivos. Por ejemplo, trabajar como parte de un equipo y no como un proveedor independiente de servicios, o buscar progresar en la profesión donde usted esté atento a sus valores de compartir su experiencia y conocimientos. Por ende, buscar activamente oportunidades de tutoría, colaboración a través de varias redes y ampliar la red de apoyo actual. La decisión de progresar en la profesión se puede conceptualizar como la introducción o la búsqueda de oportunidades para tales ajustes. Aparentemente, tales elecciones podrían hacerse dentro de un rol existente que se experimenta como no desafiante. Se podría introducir un cambio en la búsqueda de una variedad de desafíos alineados con sus dominios de valor adheridos.

A= Alineación

Si surge una situación específica, como: una reestructuración de su rol laboral, cambio en la gestión y/o pérdida organizacional, cambios en la composición de su equipo, recolocación, variación de aspectos significativos de su rol laboral, es decir, reentrenamiento dentro de su rol actual, embarcarse en una progresión profesional y crecimiento personal, todas estas situaciones se perciben o "sienten" potencialmente como negativas (pérdida) o positivas (oportunidad). Independientemente de tales significados adjuntos de valencia positiva y negativa, todos los cambios podrían implicar niveles elevados de ansiedad y un alto nivel de estrés. Al centrarse en los dominios de valor específicos (**Valores**) evaluados en el paso dos (**Análisis**), creando una lista de todos los dominios de valor deseados (**Listado**), agrupando todos los valores de dominio identificados en tres categorías como 1). actualmente existente, 2). inexistente y 3). en conflicto o posible conflicto, por lo tanto, la **Identificación**, seguida de un ejercicio relacionado con la resolución de conflictos existentes y la evaluación de todos los resultados deseados (**Delimitación** o Demarcación), le ofrecerá una imagen clara del por qué, dónde y cómo de su situación actual, con una oportunidad para la **Alineación** o reafirmación de sus valores de dominio que son fundamentalmente esenciales para su situación actual y los cambios involucrados. Esta tarea requeriría crear una lista de valores de dominio y buscar cambios que ofrezcan una comprensión clara de las opciones restantes. Teniendo en cuenta el ejemplo anterior, una solicitud en esta etapa implicaría una decisión final sobre si trabajar en un entorno comunitario sin un puesto basado en la oficina es su mejor opción, o alternativamente, tal vez el trabajo en equipo y el desarrollo de las relaciones laborales son valores fundamentales a considerar. ¿Podría ser que un ajuste al rol existente requiera una profunda reflexión en términos de potencialidades accesibles y oportunidades para el reentrenamiento? Igualmente, este paso acercará los entendimientos para establecer los objetivos/tareas y revisar las metas existentes (a largo, mediano y corto plazo), que es el siguiente paso.

T= Tareas

Esta etapa implica establecer nuevas metas alineadas con sus valores de trabajo principal reconocidos y los cambios pretendidos; este paso está completamente reservado al diseño de un plan de acción en el que considere las introspecciones y evaluaciones de sus pasos anteriores. Tomando un ejemplo anterior, este proceso sugeriría una reconsideración de su rol laboral donde el desarrollo de las relaciones laborales y el trabajo como parte de un equipo con interacciones directas, se identifican como esenciales para su satisfacción laboral. Del mismo modo, si se identifica que el trabajo comunitario de asistencia carece considerablemente de tales aspectos, su necesidad recientemente reconocida indicaría una tarea para buscar oportunidades de empleo que reconozcan tales cambios o, como mínimo, un examen de las oportunidades existentes de su rol actual, es decir, colaboraciones de trabajo, redes y acceso al apoyo de pares.

E= Empoderamiento/ Encendido

Este aspecto final implica una revisión de sus etapas anteriores y la elaboración de un plan de acción con un refuerzo y reconocimiento de los significados vinculados al sistema basado en valores. Podría evolucionar una sensación de facilitación y empoderamiento obtenida a través de tal introspección o de lo contrario, como mínimo, una aclaración de sus expectativas relacionadas con el trabajo. Tomando otro ejemplo anterior, si el siguiente paso es una progresión profesional, pero existe ansiedad en torno a tal tarea, este ejercicio podría ofrecerle una señal clara del conflicto existente e informar las tareas establecidas por delante. Por ejemplo, si la reestructuración departamental está en juego donde su rol de trabajo ya no está disponible y hay una oportunidad para progresar dentro de un nuevo rol, las oportunidades potenciales podrían revelarse a través de todas las etapas de análisis en V.A.L.I.D.A.T.E. junto con una identificación de dónde y por qué hay un conflicto. Es decir, un nuevo rol, aunque un avance profesional claro también implicaría menos tiempo en la práctica y/o menos oportunidades para obtener conocimientos especializados o desarrollar proyectos basados en los intereses y pasiones principales. Es esencial mencionar un hecho verificado, que los valores y los dominios de valores relacionados con el trabajo son extremadamente específicos para las personas y este ejercicio solo puede traer aclaraciones cuando todos estos valores se reflejan y se diseña un plan de acción. El uso del acrónimo V.A.L.I.D.A.T.E. hace que dicho proceso sea estructurado, evaluativo, autorreflexivo y, lo que es más importante, su práctica se puede reducir a simplemente diseñar planes de acción cuando los conflictos dentro de los roles existentes ya se reconocen de alguna manera. Sin embargo, debe hacerse una revisión de los cambios dentro de los tiempos establecidos. Si ese es el caso, se puede lograr una técnica diferente solo realizando todos los análisis desde la etapa D (Delimitación/Demarcación) hasta e incluyendo la etapa E (Encendido) por lo que D.AT.E. funciona como un nuevo acrónimo y establece un tiempo específico para el cambio.

Opciones para Viernes a las 9 a.m.: ¿dónde está el corazón?

Un ejemplo de un material de caso involucrado en la creación de V.A.L.I.D.A.T.E

Viernes a las 9 a.m., mi cita semanal, ingresa a la sala de consulta y se sienta en su silla habitual cerca de la ventana. La doy la bienvenida y paso de mi escritorio a una silla, creando un espacio terapéutico simbólico, que es amable; estoy frente a *Viernes a las 9 a.m.,* conteniendo su espacio confidencial seguro, en lugar de cuando estoy sentada en mi escritorio con una computadora y un cuaderno de notas. *Viernes a las 9 a.m.* tiene reservadas las próximas seis a siete semanas, un promedio de seis, por así decirlo, a veces podría ser una semana adicional si las semanas intermedias se reprograman de común acuerdo, por motivos de capacitación y / u otras razones. La sesión comienza en las condiciones habituales con una paciente que recapitula la sesión de la semana pasada y una breve actualización sobre cómo se está desarrollando su situación actualmente. Se la observa serena y parece que utilizó el tiempo entre las sesiones para reflexionar. *Viernes a las 9 a.m.* es un alto miembro de un gran departamento dentro de una Fundación del Servicio Nacional de Salud (NHS Trust) su nombre aparece como autora en la mayoría de las políticas que la Fundación tiene que revisar cada tres años. La clienta no es consciente de que tengo ese conocimiento sobre ella; era una referencia del Departamento de Salud Ocupacional, y es solo por casualidad que reconocí su nombre de memoria. Luego del nombramiento de mi contrato voluntario he leído la mayoría de las políticas organizativas de la Fundación. Durante las sesiones, las reflexiones de la clienta cuentan una historia de dolor y una necesidad de curación. *Viernes a las 9 a.m.* se encuentra en un punto de intersección con decisiones difíciles de tomar acerca de su rol dentro de la Fundación, debido a una inevitable reestructuración del departamento. En un par de meses, la clienta ya no tendrá una oferta de empleo con una descripción de trabajo que coincida con la de su rol actual, y lo que es más significativo, sin un aspecto específico relacionado con su rol clínico. La dedicación de la clienta a su trabajo y a la Fundación son indiscutibles y de alguna manera difíciles de medir, excepto por la consideración de que la clienta comenzó a trabajar para el NHS inmediatamente después de su formación médica, hace tres, casi cuatro décadas. La Fundación del Servicio Nacional de Salud es lo que ella llama familia/hogar, con vínculos tan fuertes que no se menciona ninguna otra identificación convincente con un rol personal diferente.

La Tercera Opción

En el momento de sus sesiones, el enfoque terapéutico de la clienta es decidir sobre su próximo movimiento profesional entre dos opciones que realmente siente y percibe como opciones de empleo no reales ni válidas. En su primera elección, la clienta me dice que si opta por ello, se experimentaría como un descenso de categoría. La clienta describe la segunda opción como un proceso similar a una resolución de conflictos para la redundancia, con posibilidades futuras para que ella busque empleo ya sea en el Sector de Salud Privado o en una Fundación del Servicio Nacional de Salud diferente. Estoy escuchando la narrativa y estoy desentrañando una historia de amor y traición: el trabajo se describe como una sociedad para la vida, con cambios propuestos recientemente por el director de la Fundación que hacen que la clienta se sienta como si ya no fuera deseada, y el daño es insoportable. *Viernes a las 9 a.m.* dedicó su vida a esta sociedad, seguramente debe haber un reconocimiento de eso de alguna forma, pero en lugar de amor siente traición. Había todo menos niebla, la sensación de la clienta de que hay poco tiempo y / o pocas opciones para que las cosas cambien, su relato de los acontecimientos es urgente y alarmante. Sintonizando y escuchando atentamente a la clienta al contar su historia, suena más allá de lo expresivo, con una insistencia y elocuencia en un sentido de quedarse sin tiempo. Tal sentimiento es transferido a la habitación para un breve análisis que es casi inmediatamente cuestionado. Para empezar, la clienta repasó un examen colaborativo del momento del inicio de la dificultad, precisamente el momento en que fue informada de las decisiones y anuncios sobre los futuros cambios estructurales departamentales. Debido a la antigüedad en su rol y su participación en el departamento, se le consultó a *Viernes a las 9 a.m.*, como a cualquier otro miembro del personal, sobre sus opciones y, además, se le pidió que redactara una propuesta para dicha reestructuración. Al hablar conmigo en la sala sobre lo que se le pedía, *Viernes a las 9 a.m.* tuvo una revelación: hay una tercera opción.

Viernes a las 9 a.m. se dio cuenta de que durante la reestructuración de su departamento, hay una vacante para un puesto de alto nivel en el departamento recién reestructurado y, por lo tanto, una oportunidad para que ella haga la transición y progrese a un puesto de trabajo donde pueda continuar con su trabajo clínico. Antes de discutir la reestructuración de su departamento, *Viernes a las 9 a.m.* no consideró tal opción. La identificación de la clienta con su puesto de trabajo, con su carrera general en el NHS, respaldó que sus asociaciones y valores alineados con estándares específicos se sintieran perdidos. Cuando se identificó la tercera opción, ya no se veía niebla por todas partes. Las opciones estaban ahora bien definidas con un sentido determinado recuperado de lo que sigue: un plan de acción que desarrolla y delimita el enfoque acordado para las sesiones. *Viernes a las 9 a.m.* abandonó la sala después de su última sesión con un recordatorio de que su devoción por su rol laboral y el NHS Trust son ininterrumpidos: sus sesiones fueron sobre la transición, y la revisión de los valores mantenidos respecto a los estándares profesionales y la validación de su deseo de continuar con los aspectos clínicos de su trabajo frente a la decisión de ocupar un cargo directivo meramente superior. La clienta pudo reconocer que está en una posición de negociar su futuro empleo y rol dentro del NHS Trust, y la Fundación tiene que reconocer tales opciones. *Viernes a las 9 a.m.* también respondió preguntas sobre si alguna vez habrá disposición para renunciar a los aspectos clínicos de su rol laboral, es decir, la adhesión implícita a sus asociaciones profesionales de larga data. Para *Viernes a las 9 a.m.*, se manifestó firmemente que esa nunca sería una opción real: sus Valores eran Estándares y viceversa.

¿Dónde estaba el corazón?

Uno podría cuestionárselo, sí, pero ¿qué hay de nuevo en un caso así? La lealtad y el apego del personal del NHS a su función laboral están bien documentados, y el hecho de que el NHS sea una familia grande y unida es un hecho altamente reconocido, aunque solo sea mediante la consulta de la Constitución del NHS y/o cada uno de los Valores y Estándares declarados de su trabajo con su personal y el público. Estoy de acuerdo, las opciones para *Viernes a las 9 a.m.* se trata de todo ese conocimiento, universal y accesible, tales hechos no deben ser discutidos, y una vez más, hubo momentos con *Viernes a las 9 a.m.* cuando me preguntaba quién entró en mi consultorio. Había un verdadero corazón latiendo con el mío en la habitación, pero lo que también se evocaba con certeza era que, a veces, una pareja-cliente estaba presente en la habitación o al menos otro cliente en la habitación, además de *Viernes a las 9 a.m.*: el NHS Trust. El NHS Trust fue analizado a lo largo de su presencia organizacional, pulsando en la sala a través de su relación dinámica con mi cliente. En tales momentos, "**¿Dónde estaba el corazón?**"

habría sido simplemente la pregunta equivocada. Se le recordó a *Viernes a las 9 a.m.*, mi clienta, que el NHS como organización es una entidad en constante evolución, que cambia y avanza, y que ella, *Viernes a las 9 a.m.* es parte de dicho cambio. La progresión y las opciones de *Viernes a las 9 a.m.* también eran progresiones y opciones para el NHS Trust, si eso también debía verse como una relación dinámica entre los dos clientes, que solo podría haberse cuestionado si mi clienta hubiera permanecido en una posición de debate sobre su empleo con esa Fundación específica. Se puede argumentar que mi presencia en la sala certificó tal dinámica, mediándola con los clientes que la reconocieron; mi contrato voluntario mantuvo todas las lealtades bajo control, dentro de un marco ético confiable y estable. La orientación para las buenas prácticas y el trabajo en servicios de asesoramiento y psicoterapia es una de muchas de mis lealtades; siempre he reconocido que la psicoterapia ofrecida al personal del NHS a través de un contrato voluntario y terapia en el lugar de trabajo significaba que el NHS como organización también era mi cliente. Mi trabajo se consolidó por una estructura existente de un servicio de asesoramiento psicoterapéutico dedicado al personal del NHS con dicha estructura que contenía y salvaguardaba aún más los servicios proporcionados en imparcialidad: no había política organizacional involucrada, sino una cultura de ayuda y orientación prevalente también a través de las mismas políticas que tenían el nombre de mi cliente impreso. **Viernes a las 09 a.m.** llegó en un momento en el que se estaba llevando a cabo una negociación contractual con preguntas sobre la adaptación y el ajuste a las demandas impuestas por factores organizacionales externos, como la reestructuración departamental y los factores dinámicos internos de creer en uno mismo y/o la realineación con valores establecidos desde hace mucho tiempo, como la reconfirmación de mi cliente de la importancia de su práctica clínica. *Viernes a las 9 a.m.* significó una pausa en el tiempo dedicado a honrar a un miembro del personal del NHS que necesitaba reafirmar su pertenencia, y un recordatorio para que un NHS Trust se registrara, siempre con altos valores y estándares, pero lo más importante, se registrara con los ritmos creados por sus propios latidos. *Viernes a las 9 a.m.* representa uno de los muchos ejemplos de cómo se creó el "Ejercicio de Ser Tú Mismo", V.A.L.I.D.A.T.E y D.A.T.E – ***Viernes a las 9 a.m.*** es mencionada en aspectos sobre valores que representan I (Identificación) del acrónimo V.A.L.I.D.A.T.E., Identificación (I) del conflicto entre los valores mantenidos y los estándares propuestos sobre los cuales embarcarse, un momento crucial para las perspectivas del cliente respecto a sus opciones de empleo, renombrado en este caso de ejemplo: **"Opciones para *Viernes a las 9 a.m.*".**

COMO SE PUEDE APLICAR

V.A.L.I.D.A.T.E COMO EJERCICIO:

1. CONTENIDO DE LA DIAPOSITIVA UNO:

La técnica de **SER TÚ MISMO** se trata de:

1. Manejo de la ANSIEDAD en torno al cambio organizacional.

2. Este método de cambio fue desarrollado por

New Beginnings Therapy - Madalina Day

2.CONTENIDO DE LA DIAPOSITIVA DOS:

Objetivos:

1.Redefinir la comprensión y significado atribuidos a situaciones específicas con **VALORES** y **ESTÁNDARES**.

2. Obtener más claridad sobre el sentido de identidad en varios contextos/entornos.

3. CONTENIDO DE LA DIAPOSITIVA TRES:

V.A.L.I.D.A.T.E.

4. CONTENIDO DE LA DIAPOSITIVA CUATRO:

V=VALORES

Explorar varios dominios de valor relacionados con el trabajo, por ejemplo:

-valores relacionados con un entorno de trabajo específico.

-ética.

-relaciones colegiales/laborales.

-habilidades específicas y capacitación.

-políticas de equilibrio entre el trabajo y la vida personal.

-valores relacionados con la crianza de los hijos y el modelado de roles.

-vida social y familiar.

-bienestar y cuidado personal.

-deberes comunitarios y cívicos.

Nota* Los valores son diferentes de los objetivos y pueden cambiar con el tiempo. Dependiendo de los eventos y circunstancias de la vida, se puede impulsar un realineamiento por un rol educativo y/o laboral en el contraste de tales experiencias con los ESTÁNDARES del entorno elegido.

5. CONTENIDO DE LA DIAPOSITIVA CINCO:

A=ANÁLISIS

Esta etapa se refiere a una evaluación en profundidad de los valores personales y la creación de un registro de los dominios de valor del trabajo identificados en el paso anterior.

Nota* **Es importante tomar nota de todas las variaciones o cambios observados en los dominios de valor actualmente mantenidos.**

6. CONTENIDO DE LA DIAPOSITIVA SEIS:

L=LISTADO

Crear una lista de niveles primario a secundario e incluso terciario, basados en un dominio de valor de empleo ideal (o deseado).

Ejemplo:

Valor primario: *Trabajar para una corporación con una mentalidad ética.*

Valor secundario: *Realizar proyectos que involucren tales intereses y pasiones.*

Valor terciario: *Reconocer el impacto de su empresa en el cambio climático y el medio ambiente.*

7. CONTENIDO DE LA DIAPOSITIVA SIETE:

I=IDENTIFICACIÓN

Crear una tabla de tres columnas con dominios de valor relacionados con el trabajo: 1. **Valores existentes**; 2. **Valores deseados y actualmente inexistentes**; 3. **Valores que están en contraste o en conflicto con el empleo actual** o los ESTÁNDARES de su rol de trabajo elegido.

 Nota* Enumerar en cada columna todos los aspectos que corresponden al dominio respectivo de valor relacionado con el trabajo.

Ejemplo:

1. Apoyo de pares.

2.Políticas del trabajo y la vida personal, es decir, licencia por maternidad.

3. Opciones inexistentes para el trabajo remoto.

8. CONTENIDO DE LA DIAPOSITIVA OCHO:

D=DELIMITACIÓN/Demarcación

Delimitar todos los conflictos identificados en la etapa anterior, demarcar los dominios de valor conflictivos/contrastantes, y no establecer metas en esta etapa.

Solo se puede introducir un cambio después de reconocer una variedad de desafíos alineados con sus dominios de valor adheridos.

9. CONTENIDO DE LA DIAPOSITIVA NUEVE

A= ALINEACIÓN

Alinear todos los valores no conflictuales existentes con los cambios buscados y, al hacerlo, puede obtener una comprensión clara de las opciones restantes, es decir, podría ser simplemente que una reestructuración departamental pueda ofrecerle una oportunidad tanto para el reentrenamiento como para la reubicación.

10. CONTENIDO DE LA DIAPOSITIVA DIEZ

T= TAREAS

Diseñar un plan de acción y crear tareas relevantes y específicas. Por ejemplo, *networking*, trabajar para distintas organizaciones, la adquisición de nuevas habilidades y la capacitación.

Nota*Los aspectos cruciales a considerar en esta etapa son el *networking* y el desarrollo de canales claros de comunicación.

VALORES

ANÁLISIS

LISTADO

IDENTIFICACIÓN

DELIMITACIÓN

ALINEACIÓN

TAREAS

EMPODERAMIENTO

POR QUÉ V.A.L.I.D.A.T.E.

- Es una herramienta útil para la aplicación en todas las instancias que involucran una transición organizacional/personal que se siente difícil.

-V.A.L.I.D.A.T.E. se puede conceptualizar como una actualización y realineación de los objetivos a largo plazo.

-Si su próximo paso es progresar en la profesión, pero siente ansiedad en torno a tal tarea, completar esta estrategia puede revelar conflictos existentes.

Entrevistas con participantes en la creación de V.A.L.I.D.A.T.E.

Claves de la sesión

MD/Madalina Day

P1/Participante 1

P1 es un cliente compuesto por personal del NHS con el que trabajé durante más de 36 meses tanto en la práctica privada como en otros servicios. Las siguientes sesiones se desarrollan cuando los clientes acceden a un servicio por segunda vez, después de 24 meses de descanso. Hay diferentes servicios involucrados y no todos pertenecen a un NHS Trust. Los clientes no pueden autoidentificarse por medio del contenido de la sesión porque todos los identificadores han sido modificados, pero no los hechos. El caso de los clientes debe conceptualizarse como un compuesto de pacientes. A continuación se cuenta una historia de muchos y no solo unos pocos.

Entrevista clave

36 sesiones en promedio con todos los participantes (P), con acceso a nuestros servicios por segunda vez

MD: ...la medición en eso, en un sentido de cómo...cuánto me afecta esto. ¿Hay algo más que esté pasando?

P1: Ajá.

MD: ¿Esto es algo por lo que tengo que preocuparme? [inaudible 01:00:11]

P1: Sí.

MD: No es precisamente una fobia, ¿sabes?

P1: Correcto.

MD: Yo...he estado pensando más en términos de un evento traumático para ti y cómo te afectó. ¿Sí?

P1: Correcto.

MD: Y, sí, eso puede ser desencadenado por [inaudible 01:00:32] considerando eso, qué podemos hacer juntos al respecto ? P1: Sí.

MD: ¿Podríamos ir y....cuando piensas en ello, cómo te hace sentir? ¿Te imaginas allí en ese lugar? P1: ¿Dónde, en la UCI?

MD: Ajá. Sí, en la UCI.

P1: Puedo imaginarme físicamente entrando a la UCI ahora. No puedo imaginarme repitiendo mi colocación durante todo un mes, en el invierno como un X1. No.

MD: Bien.

P1: Simplemente no volvería a hacer eso nunca más.

MD: Sí.

P1: Pero eso es porque ahora siento que tengo esa opción. Y de hecho, mirando hacia atrás, me doy cuenta de que si estuviera en esa situación de nuevo, simplemente renunciaría o hablaría con alguien. Sería más racional al respecto, hablaría con algún superior y diría: "No puedo hacer esto por múltiples razones". Y en realidad, probablemente descubriría que la gente es bastante racional y me diría, "Bueno, esto, ya sabes, esto no está funcionando para usted. (conversación superpuesta)"

MD: ...porque, ya ves, hablando de ello ahora, tus niveles de ansiedad pueden subir...

P1: Bueno, sí, sí.

MD: ¿Sí? Entonces, tienes esa reacción espontánea hacia ella.

 P1:   Sí.

MD: Y entonces eso es realmente...Eso puede ser, ya sabes, ¿tiene algo que ver con el resentimiento por el lugar? ¿eso, ya sabes, es algo que aún tiene que resolverse?

P1:   Sí. No, absolutamente. No estoy negando eso, sí.

MD: Sí. Entonces, está bien. Entonces está bien...?

P1:   Sí.

MD: ...si eso es lo que es. Porque si tuvieras recuerdos o cómo te afectó lo que sea que estuviera sucediendo allí, entonces eso sí me preocuparía.

P1:   ¿Cuál es tu... no entiendo, cuál es tu...qué quieres decir con preocupación?

MD: Mmm...por algo en términos de este tipo de experiencia que has presenciado que otros, tus pacientes, personas que mueren diariamente frente a ti. Y tal vez querías...hacer algo más o estar más presente y te hicieron sentir como si no lo estuvieras. Sí, ¿es esto lo que estábamos discutiendo?

 P1:   Sí. Entonces, si ese fue un gran problema, ¿cómo cambió eso esta configuración?

MD: También tendrás recuerdos sobre eso. Para empezar.

P1: En cuanto a qué servicios me lo ofrecerías si eso fuera un gran problema, como si tuviera más...? (conversación superpuesta)

MD: No, solo hablaríamos de ello. Seremos capaces de distinguir y discernir de qué manera eso realmente te afecta o si esa sería la causa de....

P1: Sí.

MD: Lo veremos, lo veremos juntos.

P1: Bien.

MD: No estoy sugiriendo que sea (conversación superpuesta).

P1: No, eso es lo que pensé. Eso es lo que pensé que estabas diciendo, que me ibas a derivar a algún otro servicio.

MD: No, no, no, no.

P1:   Sí.

MD: ¿Ves? Bueno, es exactamente de lo que hablé al principio/en la primera sesión - es cuánto tiempo te llevó realmente tener acceso a nosotros...

P1: Sí, es lo que dije.

MD: ... ¿y venir a vernos? y para mí ahora, mirar atrás y decir, bien.... ¿Podría ser esa tu expectativa?

P1:   Bueno, eso es lo que pensé que estabas a punto de decirme.

MD: No, no. Pero mencioné... ya....

P1:   (Conversación superpuesta) sí...

MD: Te he dicho antes que esto va a ocurrir. Va a aparecer.

P1:   Sí. Pero creo que fue porque mucho...como para mí con...cuando estaba en esa situación, sentí que cada persona con la que me acerqué dentro de la profesión me engañó.

MD: ¿Te despidió, dirías?

P1:   Sí, sí. Y eso fue como…se sentía como si estuvieras

de pie allí gritando y nadie podía oírte gritar porque solo eran condescendientes contigo y te decían que sigas adelante. Y eso fue horrible. Al mirar hacia atrás, no puedo… No puedo creer que eso realmente haya pasado. Y en realidad, así que… no sé si voy a ir a X2. Y es como que…me he auto asignado como la persona que encabeza la inducción de los nuevos X1. Hice toda una conversación el otro día sobre el apoyo emocional [inaudible 01:04:07]. Suspira

MD: Cuéntame más sobre eso…

P1: Les dije algo como, ya sabes, lo que muchos de nosotros descubrimos y no soy solo yo, muchos de mis colegas tuvieron mucho apoyo al principio. Mucho de "¿Cómo estás? ¿Cómo estás?" Y luego al final, "Oh, bien hecho. ¿Cómo estás?" ¿Cómo estás [inaudible 01:04:20]?" Y luego está esta caída enorme en el medio en Navidad donde, en realidad, las cosas eran muy difíciles. Y los hospitales ya están ocupados en Navidad.

MD: Sí. [Asiente con la cabeza]

P1: Y no nos sentimos apoyados en ese momento. En realidad, ahí es cuando desaparece la novedad de ser un X1. Es como que todos retroceden un poco. Y así, parte de mi terapia para mí mismo, ha habido una especie de reconocimiento de eso y sentir cómo puedo ayudar al próximo grupo a medida que avanza. ¿Sabes lo que quiero decir?

MD: Sí. Tiene mucho sentido.

P1:   Sí.

MD: Y creo que lo más importante realmente es hablar de tu rotación. Y si se necesita todo eso porque cambiará, es un ciclo. No es todo un año de eso.

P1:   No, lo cual es bueno, es bueno.

MD: Sí. Bien, es bueno, pero igualmente no muy bueno. Si va a algo que funcionaba extremadamente bien a algo que realmente…. 01:05:04   S2   Es cierto, sí. 01:05:07
        MD   … no sé dónde estás parado. Tu amigo, esa es una experiencia bastante diferente, algo [inaudible 01:05:15].

 P1:   Sí, completamente. No creo que hubiera podido pararme frente a un grupo de personas un año más joven que yo mientras estaba en la UCI y decirles eso, porque simplemente…me habría sentido demasiado inferior. ¿Entiendes a lo que me refiero? Mientras que ahora, estoy como (conversación superpuesta).

MD: Lo harás… solo estás diciendo: "No vengas aquí".

P1: Sí. 01:05:33

MD: Ese es el mayor error de tu vida. ¿Es eso lo que ibas a decir?

P1: No, en absoluto. Pero la cosa es como Y sé que está en la UCI, que va a la UCI como su primera colocación, quien es un X1, se me acercó el viernes y me dijo: "¿Cómo es ser un X1 en la UCI?"

MD: ¿Y qué le dijiste?

P1: Dije, "Ser X1 en la UCI es muy diferente a ser X1 en otros departamentos." Dije: "Los beneficios de esto son que puedes hacer muchos procedimientos si eso es lo que te interesa.

Pero en realidad, me costó emocionalmente [inaudible 01:06:10]. Asegúrate de obtener el apoyo si lo consideras necesario." Entonces Y dice: "Oh, sí, no pensé en eso. Oh sí, buen punto." bla, bla, bla. Y sentí que al hacer eso, le estaba dando a Y una especie de objetivo. No estaba diciendo: "Fue el peor mes de mi vida. Lo odiaba. Vas a odiarlo." Era obviamente, ya sabes (conversación superpuesta)

MD: ¿Y qué crees que pudieron identificar en eso?

P1: Que fue algo que...la razón por la que me pareció tan horrible es porque tocó muchas de las cosas con las que he luchado en la vida. Mientras que para otras personas, sabes, como Y con quien acabo de hablar, Y es como mi mejor amigo, mi mejor amigo X. Entonces Y hizo de UCI su primera colocación. Yo lo hice como segunda.

MD: ¿Entonces Y fue a la UCI?

P1: Sí.   Luego Y estaba como, "¡Te va a encantar la UCI!
¡Fue genial! Te encantará."   Y entré allí como diciendo
"¡Me va a encantar!" Y entonces no me encantó. Y luego
pasé todo el tiempo diciendo: "¿Cómo puede ser que a Y le
encantó y yo lo odio tanto?" Todos se referían a mí como el
nuevo Y. Pero yo jamás fui el nuevo Y porque Y la amaba.
Entonces, sí, eso es difícil.

MD: Entonces, ¿Y está en un año...?

P1: No, Y está en mi año, pero Y lo hizo como primera
rotación y yo lo hice como mi segunda.

MD: Ya veo.

P1: Sí. Entonces, hicimos las tres, las mismas rotaciones, en
diferente orden. Entonces, ahora estoy en ICCU porque Y
estaba en ICCU en segundo lugar, entonces, seguí a Y.
Entonces luego en ICCU, Y me decía, "Te va a encantar", bla,
bla, bla. Y entonces literalmente, empecé a llorar, pensaba
"me dijiste esto sobre la ICU. (Risas) Entonces eso era un
problema" y luego me encantó la ICCU. Y me decía algo así
como, "Oh, al menos uno me salió bien. (Risas)

MD: Sí...

P1: Sí. Entonces....

 MD: Bueno, creo que es...sí, debe haber sido muy
decepcionante cuando tenías expectativas bastante altas
acerca de...ICU por lo que describió tu amigo.

P1:   Sí, totalmente. Totalmente.

MD: Entonces, esta semana, ¿ha sido mejor?

P1:   Sí. Sí, definitivamente.

MD: ¿Qué crees que ayudó?

P1: Creo que me pareció muy terapéutico estar con los nuevos X1. Y es simplemente sentir que las cosas que...y no simplemente el apoyo, sino muchas cosas que desearía haber tenido como X1. Sentí que era capaz de empoderarlos y sí, trabajé realmente muy duro en la inducción para asegurarme de que no solo se hablaba de ellos, sabes, de alguien parado en un escenario, y ellos estaban sentados, escuchando. Yo pensaba "No, así no es como haces que la gente se sienta parte del equipo". Y así, tuvimos un montón de sesiones informales como durante los turnos de noche y el almuerzo, todos los nuevos X1, los antiguos X1 y toda la facultad (conversación superpuesta).

MD: Entonces, ¿qué sientes que se ha logrado? (Conversación superpuesta).

 P1: Trabajo en grupos más pequeños. Y como organizar programas de mentores. Y van a tener mentores durante todo ese año.

MD: ¿Sí?

P1:   Y, sabes, voy a dirigir eso, algo así como impulsar a los mentores a, sabes, supervisarlos y que hagan sus seis meses, cosas así. Sí, así que....

MD: ¿Y quién va a cuidar de ti en X2?

P1: ¿Quién va a cuidar de mí? (Risas) No lo sé, tendré que crear un plan de mentoría para mí.

MD: ¿Sí?

P1:   Sí.

MD: No, pero ¿te han dicho cómo?

P1:   No, no. Quiero decir que he tenido una inducción, sí, recibí mi paquete de inducción hasta el otro día, y escribieron mal mi nombre, pusieron mi fecha de nacimiento, dirección y ubicación incorrectos. Yo estaba como....

MD: ¿Qué era...

P1: ¡Fantástico!

MD: ¿Qué información era correcta?

 P1: Mi nombre estaba en (risas). Así que, bien, esto realmente me llena de esperanza, chicos. Sí, lo que no es ideal. Pero sí.

MD: Podrás adaptarte. ¿Eso lo que estás a punto de decir?

P1: ¿Que yo qué?

MD: ¿Te estás adaptando?

P1: Sí. Pero generalmente creo que soy bastante bueno en pedir ayuda si la necesito. Pero fue solo que creo que en la ICU, llegué a esa etapa en la que estaba tan convencido de que estaba equivocado, y estaba haciendo las cosas muy mal, y estaba perdiendo el tiempo de todos. Fue intenso.

Fue horrible. Y luego la gente se acercaba, pero no me di cuenta de que lo hacían, sentí que nadie me estaba ayudando. Y es que...sí. MD: Sí, ¿y quién crees que trataba de acercarse?

P1:   Bueno, tengo como xx mejores amigos, como tres amigos X5. Soy realmente [inaudible 01:10:02] porque ya conozco a Y, y luego a otros dos DD. Y entonces dos de ellos se van, lo que es una pena. Pero Y se queda por aquí. Y entonces, obviamente, mi novia es increíble. Y la cantidad de mierda que la he hecho pasar fue (conversación superpuesta).

MD: ¿Cuánto tiempo llevan juntos?

P1: ZZZ años. Y luego mi madre y algunos de mis amigos de casa me están ayudando.   Había gente alrededor, pero como yo solo... no sé, simplemente no podía...[inaudible 01:10:30] Vivo en BXXXX.   No muy lejos [inaudible 01:10:34].

MD: Entonces, ¿te vas? ¿Es ahí donde...no?

P1: No, vivo en HXXXXX.

MD: Sí. Bien.

P1: Sí. Oh, ¿dónde está mi casa? Entiendo lo que quieres decir, pensé que te referías a mis padres. Sí, vivo en HXXXXX. Sí, pero tengo [inaudible 01:10:47].

MD: No, me refería a tus padres.

P1: Oh, mis padres viven...sí, mis padres viven en BXXXX.

MD: Sí. ¿Viven cerca?

P1:   Sí.

MD: Entonces, reconoces que tienes… suena como absolutamente una red muy buena a tu alrededor, que te entiende y te apoya.

P1: Sí, en gran medida.

MD: Bueno.   ¿En aquel momento en ese tiempo, te sentías así? ¿Cómo se sintió…?

P1: No, simplemente no podía verlo ni comprenderlo. Y estaba tan…tan influenciado negativamente como si, sabes, 99 veces de cada cien, ellos estuvieran ahí para mí; la única vez que no estuvieran sería lo único que podía ver, y puse a esa persona en la lista negra en mi cabeza.   Sabes, Y me decepcionó una vez porque su hijo fue admitido en el hospital.   Y es como si yo no pudiera superar cómo me decepcionó.   Y miro hacia atrás y me río porque, por supuesto, le das prioridad a eso, sabes. Eso está totalmente bien.   Pero para mí en ese momento, era solo… simplemente no podía… simplemente no pensaba como pienso ahora. Creo que solo me asusta porque creo que me metí en eso tan fácilmente que me preocupa que me volvería a meter en ello, sabes.

 MD: ¿Y qué es exactamente lo que te preocupa?

P1: No lo sé. Me preocupa que vuelva a ocurrir. Sí.

MD: ¿Sí? ¿Volverá a ocurrir?

P1:   Sí, no se siente bien….

MD: Entonces, ¿estamos hablando de pesadillas? Entonces, 19, 16 a 19, difícil.

P1: ¿Como cuando tenía de 16 a 19 años? Bueno, sí, para mí, no particularmente. No conozco ningún evento de mi vida particularmente traumático. Supongo que no fui tan feliz en mi vida. Quiero decir que los terrores nocturnos comenzaron… Quiero decir, no tengo…aparentemente, tuve terrores nocturnos cuando era más joven. No me acuerdo. Pero el estilo real de alucinación visual de los terrores nocturnos comenzó cuando mi compañera de piso intentó suicidarse. Y es como que…recuerdo que un día la vi ahorcada detrás de la puerta. Y luego tenía, bueno, en realidad, solía tener muchas alucinaciones con bebés, bebés muriendo, y bebés como cayendo encima mío, en mi cama. Y me levantaba y luego era como si lo arrancara todo de debajo de mi cama intentando encontrar a este bebé.   Y luego volvía a dormir y me despertaba y pensaba en lo que estaba pasando (risas) y había cosas por todas partes. Y luego ese pensamiento volvía a mí, durante el transcurso del día, sobre lo que había pasado y esas cosas. No… no he tenido esos terrores nocturnos extremos desde que salí de la ICU, ni en cuatro meses han sido tan extremos. Y en realidad, tuve un año ocasional [inaudible 01:13:13] desde entonces, pero no (conversación superpuesta).

MD: Bien. Entonces, ¿no han regresado?

P1: Sí, por el momento no.

MD: ¿Alguna vez has pensado en…. alguna vez has hablado con tu médico de cabecera al respecto en ese momento? ¿No?

P1: No, porque no tenía un médico de cabecera cuando me mudé a….cuando me mudé aquí porque mi médico de cabecera todavía está en CXXXXX.   Y no quería que… apagaré el teléfono. Y es como que no quería… no quería… simplemente no quería lidiar con ello. Y la cosa es que es difícil porque no soy médico de cabecera, soy DX, y sabía lo que iba a decir el médico de cabecera. Y me sentí como, "Oh, no puedo".

MD: …. (Conversación inaudible)

P1:   Sí, simplemente no puedo estar teniendo esta conversación incómoda. Yo solo… realmente no sentía que fuera a agregar nada. Y, en ese momento, estaba tan convencido de que estaba haciendo algo mal. Me sentí tan culpable todo el tiempo que estuve esquivando el trabajo, y no iba a aprobar a X1, e iba a perder mi licencia XXX. Y yo sólo…y la idea de ir a mi médico de cabecera, era como que yo pensaba esto va a aparecer en mi historia clínica, como que recuerdo cuando me senté, y estaba como "¿Esto va a ir figurar en mi historia clínica?" Ella estaba como, "¡No! Eso es como…" Bien, no me importa, como…porque eso es justo lo que yo… sentí que era solo mi preocupación en ese momento.

MD: Esto es de lo que estaba hablando al comienzo de la discusión y lo difícil que ha sido para ti.

P1: Sí, completamente, muy, muy difícil.

MD: ¿Y es como que todo...? ¿se convierte en....?

P1: Sí, como una gran... sí, fue horrible.

MD: Pero pienso el mismo hecho que tenías en tu mente, de que va a ser muy difícil que tengas acceso a la ayuda, ¿cómo piensas que eso ayudó a la situación en sí misma?

P1: Bien, yo... siento que la ayuda a la que intenté acceder simplemente no estaba allí. Al igual que antes de mi depresión en ICU, fui a mi jefe de la unidad, Sr. K. Le hablé, y dije, "realmente tengo dificultades con esta colocación. Tengo dificultades porque siento que realmente no cumplo un rol allí". Y yo...básicamente, y es tan gracioso porque lo hice sin darme cuenta, lo estaba haciendo. Acabo de tener una especie de reunión con él y le dije, y él me dijo, como, "Quiero que estés allí para sacar de ello lo que quieres sacar de ello. Si quieres hacer otras cosas como enseñar y otras cosas, está absolutamente perfecto. Si quieres, sabes, vete". Y él hizo una broma, y dijo algo como, "Cuando yo [inaudible 01:15:47] era estudiante o [inaudible 01:15:49] los médicos en obstetricia y ginecología desaparecían a la luz del día. Y sé que se van a casa, y eso está bien. Y sé que es porque tienen otras cosas importantes que hacer". Simplemente, sabes, algo como haz lo que puedas. Y el problema es que, como mi forma de sobrellevarlo cuando estaba en la ICU era tener cada día otra cosa. Entonces, enseñar era como mi gran cosa. Siempre estaba enseñando a los estudiantes XXX u organizando algo relacionado con la enseñanza. Pero entonces, ese se convirtió en el problema hacia el final. Porque entonces, la gente en la ICU pensaba constantemente que yo la estaba esquivando. Y de hecho, lo estaba haciendo. Pero no la estaba esquivando porque no podían molestarme, o porque era perezoso. La estaba esquivando porque esa era mi única manera de sobrellevarlo.

MD: Sí/...

P1: Y en realidad, en el último mes cuando básicamente uno de los consultores me enfrentó delante de todos, y este fue como el verdadero punto de inflexión, y fue como, "Sí, ¿de dónde sigues desapareciendo?" Y bla, bla, bla. Y dijeron esto, y aquello, y bla, bla, bla. Y todos estaban de pie y sonriendo con satisfacción detrás de mí. Y ahí fue cuando pensé, "Oh, Dios mío, ¿qué estoy haciendo?" Como si me odiaran. Me odian absolutamente. Y me odiaban. Pensaban que era un haragán absoluto. Y después de eso, es como que pensé, simplemente no puedo dejar la ICU.

Sabes, tengo que estar aquí todo el tiempo.   Y eso empeoró las cosas. Porque entonces, me sentía realmente atrapado. Y fui a hablar con el Sr. K al respecto, pero me sentí tan culpable que estaba como, "¿Cómo pude haber hecho esto? Y no me va a aprobar". Y bla, bla, bla. Y luego como....

MD: Porque intentaste desafiar eso.   ¿Intentaste cambiar eso o...?

P1:   Sí.

MD: ...ya lo intentaste. Y eso no funcionó.

P1:   Y   no   funcionó.   Resultó   completamente contraproducente. Pero es tan difícil estar en un rincón de la habitación sin que te den el trabajo, y luego irte. Y entonces alguien se da cuenta de que ya no estás allí. Es como, "No me hablaste cuando estaba allí parado, sabes". Entonces....

MD: Sí. Entonces, se volvió como [inaudible 01:17:33].

P1:   Sí, exactamente. Ese no soy yo. ¿Entiendes lo que quiero decir?

 MD: No eres tú, pero fue una dinámica que se creó a tu alrededor, contigo.

P1: Exactamente, conmigo. Sí.

MD: Y te cuestionaron por eso. Entonces, ¿no creo que hubiera nada más que pudieras haber hecho diferente que no hubiera sido un problema de todos modos?

P1: Sí.

MD: Pero lo más importante es que dijiste eso. No importa eso. Entonces, podemos dejar eso a un lado. Esta es la situación. Pero cómo respondiste a eso, cómo reaccionaste a eso, esto es lo que te preocupa. Entonces, has hecho cosas para que eso no vuelva a suceder. Y eso es muy difícil porque ¿cómo puedes...?

P1:   Es tan difícil.

MD: ¿Cómo puedes identificar algo en el futuro o predecir una situación estresante y cómo reaccionarás ante ella? Pero lo que has aprendido de ello, eso es importante.

P1: Pero creo que lo que es tan difícil es, bueno, probablemente sepas sobre esto, pero tienes como todo el modelo de padre, adulto, niño.   Y, sabes, trato de andar por la vida siendo un adulto.   Trato de no ser como un padre.   Incluso con mis estudiantes, no los crío.   Les hablo como adultos, sabes.   Realmente durante toda mi vida he odiado ser tratado como un niño.   Incluso cuando era un niño, no quería ser un niño.   Yo obedecía las reglas, hacía lo que quisieras que hiciera, pero no que fueras condescendiente conmigo.   Y fui a la ICU, y estaba...como si hubiera pasado de estar en GH donde yo era el padre y el adulto porque casi no teníamos ningún apoyo superior, y yo estaba prácticamente a cargo del negocio para pasar a la ICU donde de repente me metieron en el puesto de un niño.   Y no pude salir de allí.   Y por mucho que lo intentara, con cualquier técnica, como que no podía salir de allí.

Y sentí que el Sr. K y el tipo de personas fuera de la ICU que eran los superiores me trataban como a un adulto.   Pero luego, cuando toda esa situación ocurrió, me sentí como si fuera un niño.   Simplemente sucumbí a esa posición porque no podía... simplemente no podía acercarme a él y hablar con él sobre eso porque simplemente perdí toda la fe en mi habilidad para hacer las cosas.

MD: Por lo tanto, desafió ese tipo de sentido que tengo sobre esto.   Sé dónde estoy.

P1: Sí, sí. Y sentí que ya no tenía ni idea de lo que estaba pasando. Sí.

MD: Entonces, reconociste la regresión, un estado de defensa realmente (conversación superpuesta).

P1: Y cómo, al final, simplemente aceptas ese rol. Ni siquiera se trata de que aceptes. Es solo que tú eres ese rol. Quiero decir, no ves otra alternativa. Pero no creo que haya habido ningún margen para mí en el tercer mes en la ICU para redimirme y volver a subir la escalera. Simplemente eso no iba a suceder.

MD: ¿Era una causa perdida?

P1: Era una causa completamente perdida, y estaba realmente involucrado con todo lo demás que estaba pasando en mi cabeza en ese momento. Era solo…sí.

MD: Y aún más importante es el hecho de que reconociste eso, y podrías dar un paso atrás. Aunque dentro de un mes, no va a haber ningún cambio dramático. Pero el cambio en sí es el hecho de que lo reconozcas.

P1: Sí, sí. Y, sí, creo que soy bueno, sabes, me doy crédito de que puedo reconocer totalmente ese tipo de cosas.

Pero, sabes, en realidad es ponerlo en práctica o creerlo, ¿verdad? Pero tan pronto como fui a mi nuevo pabellón, por ejemplo, fui completamente racional. Y sentí, sabes, lo tenía [inaudible 01:20:41] y todo. El lunes, mi asesor hizo una broma sobre cómo no cargué los resultados de la droga lo suficientemente rápido y él estaba simplemente bromeando por completo. Estaba haciendo una broma. Es un ser humano. Y me volví absolutamente loco, como, "Oh Dios mío, esto está sucediendo de nuevo. Oh, Dios mío, él cree que realmente estoy perdiendo el control. Oh, Dios". Y de repente me sentí descontrolado mientras estaba allí de pie. Y luego volví a ser racional y a calmarme. Pero entonces, incluso después de eso, estaba tan susceptible. No pude [inaudible 01:21:07] bueno, para ser honesto porque entiendo que va a… no sé, algo realmente malo va a pasar. No lo sé, va a pensar que soy un idiota.

MD: ¿Va a pensar que eres un idiota?

P1: Ajá.

MD: ¿Y por qué…cómo crees que va a llegar a esa conclusión?

P1: Supongo que me he vuelto muy paranoico de que haya hablado con mi supervisor anterior, y le haya advertido que todas estas cosas ya sucedieron. Y luego va a generar sus propios prejuicios sobre mí y ese tipo de cosas. Y, sí, eso fue como una gran preocupación para mí cuando fui a otra colocación, una gran preocupación.

MD: ¿Primero? 01:21:42   P1   Mi tercera colocación, sí, la posterior a esa en ICU.

MD: ¿Y?

P1: Quiero decir, estaba bien hasta cierto punto. Pero al mismo tiempo, nunca…es gracioso. Otras personas en la sala como mi reg., mi médico jefe, era como si yo estuviera completamente bien, pero no tenía [inaudible 01:21:56] nos llevábamos bien. Pero incluso hasta el día de hoy, él todavía es un poco reservado, y yo aún me siento un poco como "Oh, ¿cree que soy un idiota?" Y claramente él no piensa eso, sé que no lo hace. Todavía no puedo evitar pensar eso cada vez que estoy con él. Y debe pensar que soy muy raro porque me cuesta mucho hacer bromas en su entorno y esas cosas, por si cree que no estoy bromeando. ¿Entiendes a lo que me refiero? Solo me cuesta eso y realmente no he sido yo mismo al 100% cuando está él. Sí.

MD: [inaudible 01:22:24] pero eso es muy difícil porque se puede malinterpretar.

P1:   Exactamente.

MD: Y ya eres tu propio XX pero hay algo interesante que estoy pensando sobre esta rotación. Entonces, cuatro, ¿es cuatro en cada...cada año?

P1: Tres.

MD: Tres.   ¿Cuáles crees que son las ventajas de esta prueba, este tipo de este ciclo de tres cada año?

P1: Creo que me ha dado tres muy, muy, muy diferentes....

MD: Bien.   Escribamos esto, es muy interesante.   ¿Por qué crees que te estoy preguntando esto?

P1: No lo sé.

MD: ¿Suena raro?

P1: En realidad no.

MD: Bien. Entonces, ¿tres muy diferentes?

P1: No puedo pensar ahora.   (Risas) ¿Tres experiencias diferentes? O me ha dado tres diferentes...me ha mostrado tres partes diferentes, completamente diferentes, de este trabajo, supongo.

MD: Sí. Ajustes, trabajo, sí como...las relaciones funcionan.

P1: Oh dios, sí y en realidad, iría un paso más allá para decir que me he visto a mí mismo como a tres tipos diferentes de doctores XX, que es.... (Risas). Pero es verdad.

MD: Sí. No, está muy bien.

P1: Y, sí, y es gracioso porque siento que estoy moldeado en los tres para bien o para mal.

MD: Bien, muy bien. Entonces, dependiendo de cada entorno individual, ¿qué se espera de ti, las reglas, la ansiedad en torno a eso? Y es....

P1: Sí, las reglas. Creo que las reglas.

MD: ¿Sí? Y todos los que ya han estado allí, los pacientes, constantemente...¿qué se espera de ti dentro del puesto, sí?

P1: Ajá.

MD: Entonces, es una tarea enorme. Porque imagina tener que cambiar de trabajo ¿cada tres meses?

P1: ¿Pero tener la misma especificación de trabajo?

MD: Sí, más o menos.

P1: Bueno, sí, pero necesito ajustar la misma especificación de trabajo en tres configuraciones diferentes.

MD: Diferentes. Bien, muy bien. ¿Me sigues?

P1: Sí, completamente.

MD: ¿Sí?

P1: Sí.

MD: Y teniendo que…así, imagina también tomar capacitación. Entonces, significa cambiar de trabajo, pero también tomar capacitación. Sí, algún tipo de capacitación, porque eres, sabes, necesitas asistir a más de un nivel.

P1:   Sí.

MD: ¿Sí?

P1:   Ajá.

MD: Entonces, ¿qué te parece la tarea ahora?

P1: ¿Cómo me parece qué?

MD: Entonces, ¿qué te parece esta tarea ahora?   ¿Qué se espera? ¿Qué se supone que debes hacer?

P1: Creo que sería absurdo para ti no luchar con ello.

MD: Sí.

P1: Y creo que la otra cosa es…

MD: Porque todo el mundo ha escuchado sobre el estrés.

P1: Sí.

MD: ¿Qué se considera un evento estresante en sí mismo?

P1: Oh sí, pero también diferente….

MD: Mudarse de casa.

P1: Oh, sí, ni siquiera me hagas hablar de eso. Está bien.

MD: No, no. ¿Pero tú también lo has hecho?

P1: Bueno, sí.

MD: Oh, no lo sé. No creo… no me hablaste de eso.

P1: Oh no, pero cuando empecé en VX, mi primera rotación, y entonces, acababa de mudarme de casa. Me acababa de mudar de CXXXXX, donde viví durante seis años (conversación superpuesta) completamente nueva, alejada del mar y me trasladé a HXXXXXX, no sólo (conversación superpuesta).

MD: Ves, no lo sabías….

P1: ¿Perdón?

MD: Es amable de tu parte comparar HXXXXX con CXXXXXXX.

P1: Sí.

MD: Es interesante la palabra que surgirá, una surgirá con…

P1: No.

MD: Entonces, ¿muchos cambios?

P1: Sí.

MD: solo que ahora me lo estás contando....

P1:   Sí.

MD: Y todos son cambios enormes en sí mismos, ¿sí?

P1: Ajá.

MD: no es ser condescendiente. Esto trae los aspectos positivos a la mesa. Pero también, son enormes. Esa es la cosa, las expectativas que uno...y las presiones a las que te has enfrentado.

P1:   Pero creo que todo el mundo de una manera...todo el mundo, su primera colocación de una manera se convierte por defecto en lo que debería ser. Y mi primera colocación, y podemos hablar de esto durante horas, no fue buena. No contábamos con nada, nada de apoyo. Pasamos tres semanas sin un jefe que hiciera rondas en la guardia. Hicimos solo X1 durante tres semanas. Y solo he sido médico por un mes. Y muchos de nuestros pacientes no auguraban nada bueno al final de esas tres semanas porque simplemente no teníamos idea de lo que estaba pasando. Y me volví muy holgazán y descuidado en la forma en que hacía las cosas porque esa era simplemente la única manera en que se podía hacer el trabajo. Y no miré...estaba en cirugía.

 No revisé su medicación. No revisé su historia clínica. Y, por supuesto, eso era un aporte descomunal. Y no repasé nada de eso. Y creo que cuando entré en la ICU, era tan fuerte...tienes un paciente, tienes que saberlo todo sobre ellos. Tienes que saber cuál era su potasio ayer [inaudible

01:27:16]. Yo estaba como, "¿Por qué? ¿Por qué necesito saber esto?" Tengo…estaba como en un modo "bandido". ¿Sabes a qué me refiero?

MD: Ajá.

P1: Y creo que en esta colocación, la gestión clínica y la seguridad del paciente en realidad, han sido una vez más muy minuciosas, muy pausadas, muy buenas. Me había costado escaparme de ese tipo inicial de forma relajada de trabajar. Entonces, eso no ayudó en absoluto.

MD: No, no lo hizo. Pero igualmente, todavía has estado… no puedes quitarte la experiencia de esos tres lugares diferentes.

P1: Sí, sí, eran muy diferentes.

MD: Y si te sintieras bastante exitoso en los tres, ¿crees que has aprendido tanto como has aprendido de ellos?

P1: Probablemente sería más feliz. (Risas)

MD: Sí. Entonces, sentir que todo será (conversación superpuesta). P1:   Menos canas.

MD: Te hizo reír porque ya sabes la respuesta.

P1: No (conversación superpuesta). Bueno, no, no lo haría. Pero al mismo tiempo, no siento que haya salido de todos ellos sintiéndome positivo y como un campeón. Ese es el problema. Y creo que soy muy duro conmigo mismo. Y siento que todos a mi alrededor parecen estar bien, ¿por qué yo no me siento así? Y además, ¿no es una mierda que termines X1 un martes y empieces X2 un miércoles? Y no tienes la oportunidad de sentarte allí y tomar champaña y pensar, sabes, que realmente lo he hecho muy bien, solo (conversación superpuesta).

MD: ¿No has sugerido eso?

P1:   No, en absoluto. Y nunca lo haré porque eso es la medicina. Y tú solo...sigues adelante y sigues adelante. Y, sabes, eso me parece triste de alguna manera.

MD: Eso tiene...en cierto sentido, eso es una especie de pensamiento aterrador.

P1:   Sí, tal vez.

MD: ¿Lo sabes?

P1: Sí, pasas por todo eso.   ¿Y luego qué obtienes? Recompensado con el siguiente paso, vamos de nuevo. Voy a ser un JJJ quirúrgico el miércoles, como si no pudiera explicarte lo aterrador que es.

MD: Tal vez vaya a (conversación superpuesta).

P1: Podré manejarlo. Estaré bien. Lo haré bien. Todo saldrá bien. Pero he vuelto a la cirugía. Y la cirugía en esta fundación no es excelente, y es peligrosa. Los problemas de seguridad del paciente son enormes.

Las personas mueren todo el tiempo por cosas de las que no deberían morir debido a fallas en nuestro sistema, especialmente en cirugía. Y estaré encabezando eso, seré el único médico que hará [inaudible 01:29:20] cirugía. Es una locura. Es una locura absoluta. Y me preocupo demasiado, ese es el otro problema. ¿Pero cuál es la definición de demasiado? Demasiado es el nivel en el que no puedes funcionar bien en tu trabajo. Y, sí, eso no es [inaudible 01:29:35]. Sí.

MD: Bueno, entonces sabiendo ahora que has vuelto. Te conozco…. [inaudible 01:29:42].

P1: Vuelvo a mi primera rotación.

MD: Sí. Entonces, ¿cuántos días tienes libres antes de empezar? P1: Tengo…literalmente los lunes, martes. Entonces, los martes…entonces, mañana es mi último día de X1, y me iré [inaudible 01:29:54].

MD: ¿Sigues aquí mañana?

P1: Eso es, sí, sí.

MD: ¿Vienes?

P1: Sí. (Risas) No voy a hacer mucho, pero vendré. (Risas)

MD: Todos estarán aquí.

P1: No.

MD: Entonces, ¿cuándo son tus vacaciones?

P1:   Entonces, fui a M en enero. Fui a MM en marzo. Fui a MMMM. Y en junio, fui a…no, fui a MMMM en mayo. Fui a MMMMM en junio.

MD: Bien.

P1: Y espero ir a NN en octubre.

MD: Entonces, no es tan malo.

P1: Eso es en lo que gasto mi dinero, vacaciones.

MD: ¿Pero es necesario?

P1: Oh sí, absolutamente necesario, sí.

MD: ¿Por qué? ...

P1:   Creo que trabajé en mis siguientes vacaciones. Por lo tanto, esta rotación en realidad, he tenido un montón de...me fui en dos vacaciones en realidad. Utilicé mi tipo de días cero y mis turnos para ellos. Y luego, durante los últimos dos meses que tuve todos los viernes y lunes, fue tan soñado y me di cuenta de que podría hacer eso por el resto de mi vida (risas). Entonces, yo...eso estuvo bien. Debido a que la otra cosa está en mi colocación en la ICU, exprimí cada segundo de unas vacaciones en vacaciones. Y no tuve tiempo de sentarme en casa y relajarme y ordenar mi lavado, hacer compras o cualquier tipo de, sabes, actividades rutinarias. Entonces, incluso estaba trabajando en un día festivo, y en realidad un día festivo es estresante porque...Entonces, no lo sé. Hice bien en hacer eso la última vez y voy a hacer esto la próxima vez. Tal vez use la mitad de mi permiso para unas vacaciones reales y la otra mitad para simplemente relajarme. 01:31:29

MD: Sí, tiene sentido.

P1: Sí, completamente.

MD: Entonces, ahora, ¿estás de vuelta el miércoles?

P1: Sí.

MD: Y te sientes un poco, tú...

P1:   Regresando otra vez, sí.

MD: ¿Pero has estado allí antes?

P1: Sí.

MD: Entonces, ¿te resulta familiar?

P1: Sí. Es gracioso porque he odiado VX cuando estaba en VX, pero luego odié la ICU aún más, por lo que VX se sentía como un sueño. Tuve que elegir mis colocaciones cuando estaba en la ICU. Todo lo que quería hacer era volver a VX, que era....

MD: ¿Sí...?

P1: Era...y lo sabía. Era el demonio que conocía. Yo solo...sentí que pertenecía allí, y sabía lo que estaba pasando. Y así, elegí VX de nuevo ahora habiendo ido a EXX, disfrutado de EXX, me di cuenta de que, en realidad, sabes, cambiar es bueno en cierto modo. Y puedo lidiar con ese tipo de cosas. Y yo estaba como, sabes, como, "¿Qué estoy haciendo aquí?" [inaudible 01:32:18]

MD: ¿Pero qué otras opciones tengo?

P1:   ¿Qué otras opciones? Por lo tanto, por el momento no tengo opciones. Empiezo el miércoles.

MD: ¿Después?

P1: Oh, después, voy a ir a OG, lo que será bueno. Aquí está bastante bien respaldado. Y luego voy a ir a la comunidad EXX, que será diferente a EXX.

MD: Sí. Y luego...?

P1: Luego me voy a tomar un año.

MD: Tú lo has dicho. Entonces, ¿aun así vas a tomarte un año?

P1: Oh sí, definitivamente.

MD: ¿Y antes de término?

P1: Probablemente me voy a tomar dos años.

MD: Sí. (Risas) Iba a decir porque me dijiste (risas), me dijiste un año antes, y luego (conversación superpuesta) que (conversación superpuesta) dos.

P1: Sí, (conversación superpuesta). Bueno, el motivo es, es porque tienes que aplicar. Entonces, terminas en agosto, y tienes que aplicar en octubre y...septiembre, octubre. Entonces...y tengo un mes para planificar la carrera que quiero para el resto de mi vida, para lo que realmente no tengo prisa. Por lo tanto, estaré mucho mejor tomándome un año y decidiéndolo el próximo septiembre, y luego trabajando por ello durante un año.

MD: Entonces, ¿qué opciones tienes?

P1: Entonces, creo que tengo...cuando digo un año, no me refiero a estar sentado literalmente en la playa durante un año, como si fuera a trabajar como suplente. Y ganaría

mucho más dinero y trabajaría muchas menos horas. Y
podría elegir cuándo trabajar y en qué hospitales hacerlo. Y
con suerte me voy a centrar más en el tipo de educación y
otras cosas que me interesan. Simplemente tener un poco
más de control en la vida. MD: Sí, ¿este es tu plan …
?.

P1: Sí.

MD: Tiene sentido.   Entonces, ¿crees que te quedarás
con eso por un par de años antes de regresar?

P1:   Sí.   No creo que haya ningún apuro por terminar.
Quiero decir, comencé la escuela de medicina cuando tenía
18 años. Así que he estado en una cinta caminadora toda
mi vida. Y lo tuve, así que hice mi primer, segundo y tercer
año en la escuela de medicina. Y me tomé un año. Hice
una licenciatura en educación médica. Y me sentía como,
"¡Oh! Así es como vive la gente normal. ¡Existen muchas
otras cosas más en la vida que solo la medicina!" Y volvería
a BXXXXX como, "Hola chicos, ¿sabían? Existen muchas
otras cosas más en la vida que solo la medicina". Ellos se
comportaban como que no, no sabían que lo había. Y todos
mis amigos se han quedado en BXXXXX que es como
medicina, medicina, medicina. Y yo pensaba como, "No,
podría   convertirme   en   un   académico.   Pienso
especialmente [inaudible 01:34:27]". No tengo que trabajar
días largos y en hacer guardias. Puedo tener una vida. Y, sí,
solo cambió mi perspectiva de todo. Y tengo muchas
dificultades para completar mi carrera de medicina porque
me sentía como….

MD: ¿Cuándo hiciste eso?

P1: ¿Dejar un año?   Empecé a los 18.   Hace bastante tiempo.

MD: Sí. Entonces, ¿se siente como un largo viaje?

P1: Oh, sí, es un viaje muy largo porque lo hice cuando me sentía mucho más como un niño que un adulto real. Entonces, en ese sentido, siento que siempre he……

MD: ¿Han pasado XX años? ¿Cuánto tiempo ha pasado?

P1:   Creo que eso es correcto.   Empecé en 20XX. Entonces, es….

MD: ¿Sí?

P1: Entonces, estuve en la escuela de medicina durante XX años [inaudible 01:35:12]. Entonces….

MD: Aún así, eso es mucho tiempo.

P1: Lo es. Y con los años que llevaba, lo hizo aún más largo. Y simplemente estaba... simplemente me estaba desarrollando como persona () en ese año, y [inaudible 01:35:25]. Sí.

MD: Estabas creciendo….

P1: Sí, exactamente. Creo que todo lo que crecí en ese año fue exponencial en comparación con los otros años, definitivamente. Acabo de darme cuenta de muchas cosas sobre mí. Sí.

MD: ¿De qué año estamos hablando?

P1:20XX. Sí. 01:35:45

MD: ¿Fueron RR. años entonces?

P1: Sí.

MD: ¿Así que suena significativo lo que pasó entonces?

P1: Oh sí, definitivamente. Cuando me mudé a DDSS, vivía en el pabellón estudiantil en DDSS central [inaudible 01:35:57] vivía como un espíritu libre y hacía todas estas cosas. Todas estas cosas que nunca hice cuando me uní a la uni porque era como si solo quisiera ser médico. Quiero ser un buen médico y hacer esto. Y durante mi [inaudible 01:36:11] lo mejor que he hecho. Y luego, sí, volví a BXXXXX, y ya no me sentía tan bien. Entonces, al estudiar medicina, yo sentía algo así como que hay más en la vida que solo esto. Es como que puedo ganar dinero de otra manera. Porque te ríes pero como que en la escuela de medicina, yo solo era amigo de los médicos. Y los médicos solo son amigos de los médicos. Entonces, solo vives en esta burbuja donde todos a tu alrededor, todo lo que quieren hacer es convertirse en un médico exitoso. Y en realidad, no quiero ser un médico exitoso. Sólo quiero ser médico. Pero es como que quisiera tener una vida y ser médico. Y si le dices eso a la gente, piensan oh, ¿eso es posible? ¡Dices, sí, lo he visto! (Risas) Sí, es una locura, sabes.

MD: Pero cuando hablas de eso de esa manera, en realidad te hace sonar extremadamente feliz, te ves muy feliz en este momento.

P1: Sí, estoy muy feliz por ello. Definitivamente. Creo que mi GGGG saca a relucir ese lado para mí, como...Me emociono tanto con cosas como organizar la inducción, es como que me hace tan feliz. Y siempre lloro en la inducción. Suena tan ridículo, pero como esta X1 se me acercó, y ella es como...bueno, es una nueva X1. Me dice: "Muchas gracias por todo lo que has hecho en los últimos días", y bla, bla, bla. "¿Vendrás al bar más tarde? Me alegro mucho". Bueno, simplemente me sentí tan feliz porque realmente sentí que había invertido en ellos, y lo valoraron.

MD: Entonces, ¿es algo relacionado con ese lado de las cosas en lo que te gustaría estar más involucrado?

P1:   Oh sí, definitivamente. Sí.

MD: Pero creo que también se trata de un sentido de identidad en....en todo lo que haces, ha sido trabajo, trabajo, trabajo.

P1:   Sí....

MD: Llegar a ser algo y llegar a serlo. Y sé que esto va a sonar...pero lo que estoy pensando es en este sentido de destacarse. Eso también es muy importante para ti.

P1: ¿Qué, delante de la gente?

MD: No, como en la diferencia.

P1: Sí, sí. No quiero ser este [inaudible 01:38:22] doctor así. Sí. Obviamente así es como se mide el éxito porque supongo que cuando fui a la escuela de medicina pensé, para tener éxito, debes tener mucho dinero y estar con [inaudible 01:38:36]. Y es como que me he dado cuenta de que entonces he crecido igualmente con éxito [inaudible 01:38:41]. Sé lo que es ser [inaudible 01:38:44] consultores que son así que no parecen buenos [inaudible 01:38:47]. Y para mí, eso no es algo exitoso y ya no disfrutan de sus trabajos. [inaudible 01:38:51]. Entonces, sí, eso ha cambiado mucho mi perspectiva sobre las cosas. Sí, así es como comenzó este drama de la ICU. Mi supervisor, mi supervisor de la ICU me preguntó: "¿En qué quieres especializarte?" Y respondí: "En realidad, estoy pensando en no seguir por el camino clínico. Estoy pensando en especializarme en educación médica". Y me miró como si hubiera matado a su gato. Y él estaba como...como "¿Quieres hacer qué?" Yo estaba como, "No, estoy pensando en no seguir una carrera en medicina". Y él...nunca más me miró de la misma manera, es como si hablara con un completo idiota. Y luego, el día que me dijo que no podía darme el visto bueno, me dijo algo como...y luego traté de defenderme. Y yo estaba como, "No, en realidad, he aprendido mucho en esta rotación." Y empecé a decirle, sabes, con lágrimas en mis ojos, empecé a tratar de decirle cosas que aprendí en esta rotación. Y luego dijo: "¿Qué vas a hacer cuando dejes la medicina?" Yo estaba como, "¿Qué?" Como, ¿cómo te atreves? Fue horrible. Y él estaba tan, sí, tan paralizado con eso. Porque obviamente, para él, eso fue un fracaso.

MD: Sí, ya veo...

P1: Y para mucha gente anestesista, dejar la medicina sería un fracaso. La palabra dejar en sí misma es una mala palabra, ¿no? No es que vaya a renunciar. Es hacer otra cosa.

MD: Sí, y llevar ese aprendizaje a un nivel diferente, ¿un lado diferente?

P1: Sí.

MD: ¿Cómo te sientes ahora?

P1: Bien. (Risas)

MD: ¿Sí?

P1: Sí.

MD: Y esta semana hemos mantenido un formato muy… muy diferente. P1: Sí, fue una larga conversación.

MD: ¿Es útil para ti?

P1: Sí, creo que sí. Sí, no lo sé. Es útil, pero es como… todavía me preocupo todo el tiempo, como si me preocupara que esto siempre vuelva a suceder. ¿Entiendes a lo que me refiero? MD: Sí. ¿Y cómo crees que evitarás que eso suceda en tu vida, construyendo paredes? P1: O puentes. (Risas) construyendo paredes. Creo que…no lo sé. Creo que sí.

MD: Estoy de acuerdo contigo, puentes, estoy de acuerdo.

P1: Sí.   Y creo que solo necesito...Tengo la escena en mi cabeza, pero siento que soy muy demandante, y que armo un escándalo de la nada todo el tiempo. Y en realidad, a veces, hago un gran escándalo de la nada. Pero, A, eso es parte de mi personalidad y, B, no pasa todo el tiempo.

Como las cosas, cuando ocurren cosas como estas. Cuando estaba en la ICU, realmente necesitaba ayuda. Simplemente no podía aceptar el hecho de que necesitaba ayuda porque sentía que estaba haciendo un gran escándalo de la nada porque cuando Y estaba en la ICU, Y estaba bien, así que ¿yo no estaba bien porque Y lo estaba?

MD: Bien, ¿no eres Y, entonces?

P1: Sí, pero ¿sabes a qué me refiero? Eso (conversación superpuesta).

MD: Sí, sé lo que quieres decir…, pero quiero un ejemplo concreto de esta idea sobre ser muy demandante.

P1: Pienso como mi incapacidad para no aburrirme ridículamente en una guardia de dos horas, y no querer poner los ojos en blanco a la gente cuando me hacen preguntas en una guardia de dos horas. Y, sabes, yo no... de alguna manera, todos a mi alrededor pueden arreglárselas bien durante dos horas parados allí y haciendo lo suyo, pero yo no puedo. Y no puedo...como, quiero tener autonomía, y siento que sería capaz de hacer las cosas a mi manera. Entonces, no puedo.

MD: Bien. Entonces, algo...para ti, ¿sentías que te estaban quitando algo?

P1: Sí, como todos los días.

MD: Entonces, [inaudible 01:42:34] hablando. O a alguien que tal vez ha estado en un puesto de enseñanza, se le ha pedido que se siente en un aula a participar y ser instruido, en lugar de continuar con lo que estaba haciendo. Entonces, para ti, se sentía como un viaje. ¿Ya llegaste a un punto en el tiempo en el que no tendrás que regresar?

P1: Sí, sí.

MD: ...a una posición en la que tienes que empezar a sentir, "Oh, tengo que empezar en esto desde aquí", ¿pero ya estoy aquí?

P1: Sí, exactamente así.

MD: ¿Y te ha resultado muy difícil?

P1: Sí. Y creo que me pareció más difícil porque, en ese momento, no quería seguir una carrera como médico clínico. Entonces, era el doble de molesto porque ni siquiera quería saber lo que me estaban enseñando porque no tenía motivación ni interés en eso. Entonces, eso lo hizo aún más difícil. MD: Sí. Pero ¿ves que el mismo hecho de que incluso quieras...el reconocimiento de eso, la resistencia a eso, eso es lo que te va a ayudar a desarrollar una estrategia o una manera de adaptarte... ¿una respuesta diferente en una situación similar? ¿Te parece posible?

P1: Sí, pero no sé cuál podría ser esa respuesta.

MD: Lo sé. Entonces, por eso vamos a hablar…

P1: Sí.

MD …sobre varias cosas. Y explorándolas para establecer una conexión a algo que te resulta bastante familiar en relación con ese sentido de que tal vez tengas que permanecer con ese sentido de ello, de acuerdo, no eres necesario, o no tienes que sobresalir, o no tienes que hacer nada. ¿Puedes quedarte con eso? P1: Sí.

MD: ¿De qué se trata?

P1: Creo que eso es…sí, eso es complicado. Creo que es muy complicado.

MD: Eso es muy complicado, sí. ¿Y por qué es complicado?

P1: Porque… (risas) supongo que me siento como con todo lo que hago, quiero hacerlo con un propósito.

Y así como, sabes, voy a trabajar para dar un servicio. Y siento que cuando estaba en la ICU, no solo mi servicio estaba allí para…mi simple función estaba allí para que aprendiera, pero yo no quería aprender.

MD: ¿Pero te sentiste culpable por ello?

P1: Sí. Bueno, no me sentí culpable por ello, pero me sentí culpable de que estaba desperdiciando esa oportunidad porque no quería aprender.

MD: Qué está bien (risas), ¿pero es una forma más agradable de decir exactamente lo mismo que yo dije?

P1: Yo no diría que me sentí culpable por ello. Sentí más como si no pudiera entender lo que era...por qué no podía simplemente...estar agradecido por el hecho de que estaba allí para aprender, mientras que a todos los demás que trabajaban para la ICU les encantaba, porque les encantaba no hacer nada durante todo el día. Yo odiaba hacerlo.

MD: Bien. Entonces, ¿podría ser algo en torno al hecho de que tal vez no te sentiste necesario?

P1: Oh, absolutamente. No me sentí necesario en absoluto. Mientras que en VX, si no viniera a trabajar de día en VX, todo se caería en pedazos, ya que [inaudible 01:45:42] para todos.

MD: Entonces, ese es el gran problema, porque no existía esa asociación de que eras necesario allí.

P1: Sí.

MD: ¿Y qué significa eso para ti?

P1: Siento que...siento que en mi mente, con razón o sin ella, sé lo que quiero de una situación, y sé lo que necesito.
MD: Sí, correcto.

P1: Y si estoy haciendo algo y no necesito estar allí, y no quiero estar allí, entonces ¿por qué estoy allí? ¿Qué le estoy agregando realmente?

MD: Pero estás hablando ahora de todo el aprendizaje, ¿sí? Es que...en sí mismo, aprender en sí mismo, es algo muy importante. Porque a veces, básicamente, aprenderás que no hay nada que puedas hacer para cambiar la situación

¿sin importar cuánto sepas, y sin importar lo que sepas? P1: Sí.

MD: Y tal vez sea difícil para ti. Tal vez esto es contra lo que estás luchando, y tal vez esto es a lo que te enfrentas. Y ese aprendizaje no es algo que puedas... me estabas diciendo antes, el aprendizaje sobre el que felizmente no tendrías que ...si tuvieras una opción, no volverías a vivirlo. Pensando en ello ahora conmigo, ¿no lo harías?

P1: ¿Qué, revivir (conversación superpuesta)?

MD: Esa experiencia.

P1: No. (Risas)

MD: No, pero en el sentido del aprendizaje en sí mismo, lo que significa.

P1: ¿Qué, el aprendizaje real que podría haber obtenido?

MD: Sí, cómo a veces eso es… no hay nada que puedas hacer, y tendrás esa sensación de no ser necesario en una situación.

P1: Creo que cuando pase...cuando me convierta en un SHXXX la próxima semana y tenga demasiadas responsabilidades, y me sienta sobrepasado, probablemente desearé estar en un puesto en el que no tenga nada que hacer, y solo esté allí para aprender.

MD: Bien. Entonces, ¿tal vez esos son los extremos?

P1: Sí, donde no siento eso en este momento. No.

MD: Pero de lo que hablaba antes, estaba tocando algo más importante que eso, tu sentido de querer estar presente y contribuir.   Contribuir verdaderamente, y contribuir desinteresadamente, ¿no? Suena más altruista. ¿Cuál es ese sentido de "No quiero estar allí solo para aprender, quiero estar allí también para ayudar?"

P1: Sí.   Sí, creo que es verdad. Creo que quería estar allí más para ayudar de lo que quería no estar allí para aprender. ¿Tiene sentido? Esa era más mi prioridad. Creo que si estuviera aprendiendo sobre algo que me interesaba, en realidad, sentí que me beneficiaría a largo plazo, entonces habría sido muy diferente, habría tenido una experiencia muy diferente.

MD: ¿Crees que te permitiste ver realmente esa situación o si realmente estás aprendiendo de esa situación?

P1: No, no lo hice. Nunca me permití aceptar eso porque solo quería salir todo el día, todos los días durante cuatro meses. Honestamente, sin duda.

MD: Pero ves, eso es algo. Estás aprendiendo algo de eso.

P1: Bueno, tengo tanto miedo de volver a estar en esa situación. MD: ¿Y cómo crees que te va a volver a pasar esa situación?

P1: Bueno, he elegido una de las rotaciones esta vez en función de lo variado que era el trabajo. 1 y 2, no tengo absolutamente ningún interés en 1 y 2, pero sé que pasan parte del tiempo en obstetricia, parte del tiempo con pacientes ambulatorios y parte del tiempo cubriendo a 2.

Entonces, en mi cabeza estoy como bien, si un tercio de esto es malo, solo estoy allí por un tercio de ello. Estaba destinado a estar en 3, y en realidad cambié porque no podía imaginar llegar a 3. Tal vez lo odiaría. Y luego estar atrapado allí durante cuatro meses haciendo lo mismo todos los días. Y me doy cuenta de que fue porque la ICU era tan repetitiva. Y la repetición era algo con lo que luchaba porque odiaba ese ciclo, sabes. MD: Bien. Entonces, has aprendido algo.

P1: Sí.

MD: ¿Aprendiste el hecho de que no te gustaría estar en algún lugar o tal vez sí para tener algo dentro de un trabajo de dos partes, que involucre más de uno?

P1: Sí.

MD: Entonces, hay mucho que puedes aprender de eso. Esta respuesta me trae a la memoria el ala, tu equipo y dónde realmente te necesitan.

P1: Sí...

MD: y puedes liderar o tomar la iniciativa a veces en lugar de estar en un rincón o de alguna manera alguien te dará unas vacaciones por cuatro meses, y sabes que puedes estar presente.

P1: Es gracioso porque tengo la idea de que ser líder es algo negativo. Y lo veo como querer ser el centro de atención. Pero no quiero llevar a la gente a.... que sientan que deben hacer una reverencia ante mí. Simplemente...me gusta dirigir gente. Soy bueno guiando a la gente. Sabes, organizando la inducción, nunca he mandoneado a nadie. Pero yo…¿sabes a qué me refiero? Me parece vergonzoso que lo vea como algo tan negativo.

MD: ¿Pero eso no ayuda?

P1L Sí. No es una dictadura. Hay una diferencia. Pero en mi cabeza, yo no….

MD: ¿Tienes que disculparte por cualquier otra cosa que desees para ti como algo bueno?

P1: Sí, lo sé. Lo hago.

MD: ¿Y por qué es eso …porque no eres merecedor?

P1: No, porque me parece que no es algo bueno. Es algo negativo.

MD: ¿Quién dice que es negativo?

P1: Yo.

MD: Sí, lo sé. ¿Pero por qué piensas eso?

P1: No lo sé. Supongo que…cuando a veces veo a personas liderando situaciones, siento que abusan de esa posición de poder. Y ellos…son condescendientes con las personas que están por debajo de ellos, y lo usan a su favor. Mientras que yo soy muy consciente cuando la gente hace eso. Soy muy súper consciente de esas ocasiones. Y luego, cuando estoy en una posición en la que estoy dirigiendo personas o en una posición de autoridad...

MD: ¿No te aprovecharías o se sentiría como si lo hicieras? P1: …Soy muy, muy cuidadoso de asegurarme de no hacer eso. Sin embargo, todavía siento que al querer estar en esa posición, quiero hacerlo por razones desinteresadas, pero en realidad no creo [inaudible 01:51:58] eso.

MD: No, creo…quiero decir, tal vez pienses que tiene una connotación negativa.

P1: Sí, exactamente, creo que la tiene. Absolutamente.

MD: …Pero no creo que lo que estás diciendo sea de ninguna manera negativo. Hemos hablado de afirmaciones similares [inaudible 01:52:12] la semana pasada y no hemos decidido cómo podemos continuar con tus sesiones.

P1: No, no lo hicimos.

MD: Y el otro [inaudible 01:52:20]. Pero en realidad, la razón por la que no lo hicimos es porque estaba pensando en cuántas sesiones. Y generalmente tenemos un número limitado de sesiones /cursos de terapia. Entonces, miro a largo plazo, esto es a corto plazo, breve. Podríamos hacer una evaluación. Pero si empezamos con 10, 12, ¿cómo suena?

P1: Sí.

MD: ¿Sí? La razón por la que estoy sugiriendo eso es porque creo que dijimos que tal vez hablaríamos por unas pocas sesiones. Y podemos detenernos antes. Pero sería bueno para ti tener algo como un final en mente.

P1: Sí.

MD: Y si queremos abordar algo más, podríamos observar diferentes modelos de terapia, que es el trabajo en sí mismo, entonces podemos integrar eso.

P1: Eso suena bien.

MD: ¿Sí?

P1: Sí.

MD: Pero quería consultarlo contigo. ¿Entonces decimos 12?

P1: ¿12 sesiones?

MD: Oh, ¿eso suena …?

P1: No, suena bien.   Sé que suena muy estúpido, pero necesito saber cuánto tiempo son en mi mente, como….

MD: Sí.   Bueno, podríamos mantenerlas por una hora, pero 50 minutos sería mejor. Hoy, una hora como una segunda evaluación.

P1: ¿Qué quieres decir, una hora y 15 minutos?

MD: No, no, una hora.

P1: Bien.

MD: Sí.   No, no, no. No lo haré insoportable. Entonces, no era (conversación superpuesta).

P1: No, me gusta...como en me gusta que sean de una hora. Yo no...porque...cuando tuve terapia por última vez, ella dijo que eran sesiones de una hora.

MD: Son 50 minutos si eso...eso es en términos terapéuticos, una hora son 50 minutos.

P1: Pero entonces, las detuvo a las 22. Y dijo: "Bien, ese fue el final de la sesión". Y que cada vez, yo estaba como....

MD: ¿A qué hora empezabas? ...

P1: Como en cualquier momento. Si yo empezaba a la una...y esto fue como cuando estaba en la uni y tenía terapia, y ella decía que sería una hora. Y luego, 40 minutos después, me decía: "Está bien, terminemos la sesión". Y luego estaba...cada vez, estaba como realmente sorprendido porque pensaba, eso no fue una hora. Mira, es como que hay un problema en tu cabeza. Te preparas para una hora y piensas que tienes 40 minutos.

MD: ¿Y una hora son 50 minutos?

P1: Sí.

MD: No son 40 minutos y no es una hora.

P1: Sí, no, exactamente, que se sentía un poco....

MD: [inaudible 01:54:36]. La hora terapéutica es el marco, es importante.

P1: ¿Cuál es la fecha? XXX hoy 1ª sesión.

MD: Sí. Ahora, para la semana próxima, ¿a qué hora estás en un XXXX? Porque estoy terminando a principios de la semana próxima. No tengo una D:DD y no tengo una D:DD. Pero podría verte más temprano en el día si estás disponible.

P1: Difícil.

MD: Bien.

P1: Entonces, solo estoy pensando. El problema es que voy a mi nueva colocación la semana próxima. Entonces, no estoy muy seguro del terreno en términos de….

MD: ¿A qué hora empiezas?

P1: D:DD

MD: ¿Por la mañana?

P1: Sí.

MD: Oh, está bien. Tengo…definitivamente, tengo …. Creo que tengo un … también. Entonces …DD. Entonces, DD, ¿DD está bien?

P1: Ese es el tema, como si realmente no supiera si es aceptable desaparecer durante una hora en medio del día. Esa es mi preocupación. Probablemente lo será. Pero como que el tiempo libre también es una preocupación (conversación superpuesta).

MD: Bien.   ¿Es…bien, vamos a hacer algo más: si no es aceptable para DD, me quedaré para GG, pero espero que puedas lograrlo de tu parte?

P1: Sí. Pero no estoy diciendo que sea incómodo. Lo digo porque, es como....

MD: Lo sé. Y .... no va .... más ansiedad para ti. Pero intentemos eso. Y en todo caso...

P1: Bien.

MD: ...aparece por mi parte, entonces lo reprogramaré.

P1: Bien. Entonces, ¿qué fecha?

MD: Entonces, ¿ponemos KK?

P1: MKK, KK?

MD: Sí, MKK, sí. ¿Intentamos DDpm?

P1: Haré todo lo posible con DDpm. Probablemente estará absolutamente bien.

MD: ¿Sí?

P1: Como por ejemplo si me llaman para ...... SHXX, no puedo decir algo como, "Tengo que ir a terapia". ¿Entiendes a lo que me refiero? Ese es el problema.

MD: Bien. Entonces, intentaremos con DDpm o XXpm.

P1: Sí.

MD: Juguemos un poco con las horas por ahora... Y si no, lo hago, ¿qué crees que es lo más temprano que puedes llegar?

P1: Creo, probablemente LLpm. Pero eso sería...entonces, ¿quién...cómo me pondré en contacto contigo si no puedo?

MD: Si no puedes venir?

P1: Sí.

MD: Sí, ¿solo tienes OLOL?

P1: Bien.

MD: Sí.

P1: Tomaré nota

MD: Sí….

P1: Definitivamente te lo haré saber, no te dejaré plantada…

MD: Sí, avísame OLOL. Ese es OLOL, sí, mi extensión, nuestro…sí. BBD responderá me imagino. Entonces, lo sabrás ese día.

P1: Sí, lo sabré ese día, sí. Y probablemente (conversación superpuesta).

MD: Y aquí, nos reunimos aquí.

P1: Estaré en [inaudible]. Pero mi asesora, que es mi…también va a ser mi supervisora durante el año, era muy buena conmigo cuando estaba en VX. Desafortunadamente, se fue porque estuvo enferma durante mucho tiempo, lo que fue realmente difícil pero ella…Creo que si le contara que estuve yendo a terapia, quizás pueda ir a mitad del día. Honestamente, creo que ella estaría completamente de acuerdo con ello. Pero es solo porque aún no estoy allí. ¿Entiendes a lo que me refiero? Como si no quisiera adelantarme a eso. (Conversación superpuesta)

MD: Está bien. Dejemos la semana próxima en primer lugar. Pero también, estaré aquí. Estaré aquí DDpm. Si no llegas, entonces me avisas.

P1: Bien.

MD: Sí. Solo mándame un correo electrónico o, sí, cualquier forma de contacto. Y luego...responderé.

P1: Y a partir de ahí, ¿crees que podemos después de GGpm o te gustaría hacerlo durante la semana?

MD: Bueno, comencemos... primero tienes que ver cómo...[inaudible]

P1: Claro, sí.

P1: [inaudible] Y sé que en TTT voy a estar ausente por una semana o dos, pero tendré que revisar eso. MD: Bien.

P1:Y te avisaré la semana próxima.

MD: Sí, está bien. Y dependiendo de cómo te sientas allí, apuntaremos a algo que funcione.

P1: Sí, eso es...

MD: Sí, nos vamos adaptando. (Risas)

P1: Sí, no, realmente lo valoro. Realmente valoro eso. Porque, sí, creo que venir aquí fuera del trabajo hoy, como puedes ver, puedo como buscar ...puedo hablar. ¿Entiendes a lo que me refiero? Como si rompo en llanto ahora, me voy y todo está bien. Mientras que si me rompo a llorar en medio del día, tengo que seguir trabajando y me parece que muy… (conversación superpuesta).

MD: ¿Por qué estarías llorando? ¿Por qué ahora?

P1: No lo sé. Si yo…pero si me sintiera realmente inestable emocionalmente, entonces tendría que ir a trabajar. Simplemente encuentro que es muy difícil considerar el trabajo como algo que es literalmente… ¿Sabes a lo que me refiero?

MD: Sí, es el final de la sesión y en eso nos centraremos.

P1: Pero supongo que es lo mismo con todos, pero como…sí.

MD: Sí, lo es. Pero, quiero decir, lo entiendo. Y creo que hay preferencias en ese sentido. Tiene sentido.

P1: Sí. Sí, podemos resolver eso, pero…sí.

MD: Sí, podemos.

P1: Sí.

MD: Entonces, sabes, una cosa es que hoy vamos muy bien, esa estabilidad, ¿sí? Y constante. Esto, para ti, es importante que suceda …

P1: Sí.

MD   …y al mismo tiempo…

P1: Sí.

MD: ...hoy.

Fin de la entrevista.

Conclusión

Ser Tú Mismo (B.Y.E, por sus siglas en inglés) es un método de cambio y, cuando se practica en la sesión con tu terapeuta, los resultados son el autodescubrimiento y (potencialidad de) un nuevo comienzo. Se puede utilizar como autoayuda y un método de práctica reflexiva en todos los aspectos de la vida. Mi selección de un entorno laboral se basa en lo que considero la ilustración más práctica, sin embargo, ***Ser Tú Mismo*** se trata de un sentido de integridad y no de una aleatoriedad fragmentada o un trastorno emocional en torno a las elecciones. Es un ejercicio poderoso y señala (aunque solo sea a través de sus siglas) el cierre, el cierre de un conflicto entre VALORES Y ESTÁNDARES.

V.A.L.I.D.A.T.E. significa tanto empoderamiento como reconocimiento.

www.ingramcontent.com/pod-product-compliance
Lightning Source LLC
Chambersburg PA
CBHW081553250726
48653CB00009B/3423